2013

中国税收季度报告

④

国家税务总局　编

China Taxation Quarterly Report

中国税务出版社

Contents 目录

2013年·第4季度

税收要论

8 解放思想 改革创新 全面推进税收现代化

税收收入

收入分析

13 2013年全国税收收入情况分析

16 2013年税务机关征收社会保险费收入情况分析

税收数据

17 税务部门组织收入分税种完成情况

18 各税种收入情况

20 重点行业货物劳务税收入情况

22 重点行业所得税收入情况

23 税收收入分级次分国税局地税局情况

24 东、中、西部税收收入情况

25 2013年分地区国税局地税局税收收入情况

26 2013年分地区主要税种收入情况

28 近年各月份税收收入

29 近年各月份税收收入增幅

30 近年各月份国内增值税收入

31 近年各月份国内增值税收入增幅

32 近年各季度税收收入

33 近年各季度国内增值税收入

34 近年中央级、地方级税收收入增幅

35 近年东、中、西部税收收入增幅

36 2013年税务机关征收社会保险费收入情况统计表

税收要情

37 让改革旗帜在税务系统高高飘扬 使整改要求在税务机关件件落地

40 王军深情寄语首批全国税务领军人才培训班学员：让百万税务人以你们为骄傲

41 王军局长《人民日报》撰文：以科技创新推进税收管理现代化

44 王军局长《求是》撰文：深化税制改革 服务发展大局

税收政策解读

48 税务总局财产行为税司负责人就土地增值税政策和征管情况答记者问
49 明确中国（上海）自由贸易试验区内企业以非货币性资产对外投资等资产重组行为有关企业所得税政策问题
51 出台企业年金　职业年金个人所得税递延纳税政策
53 发布《税收协定相互协商程序实施办法》
55 明确电信企业手续费及佣金支出税前扣除问题
56 调整出口退（免）税申报办法
57 明确技术转让所得减免企业所得税有关问题
58 明确金融商品转让业务有关营业税问题
59 明确出口货物劳务增值税和消费税有关问题
60 明确纳税人资产重组有关增值税问题
61 明确企业维简费支出企业所得税税前扣除问题
62 发布《航空运输企业增值税征收管理暂行办法》
63 明确非居民企业股权转让适用特殊性税务处理有关问题
65 明确促进残疾人就业增值税优惠政策有关问题
65 明确营业税改征增值税试点增值税一般纳税人资格认定有关事项
67 明确铁路运输和邮政业营业税改征增值税发票及税控系统使用问题
68 明确落实节能服务企业合同能源管理项目企业所得税优惠政策有关征收管理问题

税收政策发布

70 财政部　国家税务总局关于中国（上海）自由贸易试验区内企业以非货币性资产对外投资等资产重组行为有关企业所得税政策问题的通知
财税〔2013〕91号
71 财政部　人力资源社会保障部　国家税务总局关于企业年金　职业年金个人所得税有关问题的通知
财税〔2013〕103号
73 国家税务总局关于发布《税收协定相互协商程序实施办法》的公告
国家税务总局公告2013年第56号
78 国家税务总局关于电信企业手续费及佣金支出税前扣除问题的公告
国家税务总局公告2013年第59号
78 国家税务总局关于调整出口退（免）税申报办法的公告
国家税务总局公告2013年第61号
80 国家税务总局关于技术转让所得减免企业所得税有关问题的公告
国家税务总局公告2013年第62号
80 国家税务总局关于金融商品转让业务有关营业税问题的公告
国家税务总局公告2013年第63号

图书在版编目（CIP）数据

中国税收季度报告. 2013. 4/国家税务总局编.
--北京：中国税务出版社，2014. 2
ISBN 978-7-5678-0064-9
Ⅰ. ①中… Ⅱ. ①国… Ⅲ. ①税收管理-工作报告-中国-2013 Ⅳ. ①F812.423
中国版本图书馆CIP数据核字（2014）第028038号

书　　名：中国税收季度报告 (2013·4)
作　　者：国家税务总局　编
责任编辑：马连庆
设计制作：李本洋
责任校对：于　玲
出版发行：中国税务出版社
地　　址：北京市西城区木樨地北里甲11号
（国宏大厦B座）
邮　　编：100038
网　　址：http://www.taxation.cn
E-mail：swcb@taxation.cn
印　　刷：北京天宇星印刷厂
规　　格：889×1194毫米　1/16
印　　张：7.25
字　　数：174000字
版　　次：2014年2月第1版
2014年2月北京第1次印刷
书　　号：ISBN 978-7-5678-0064-9
定　　价：28.00元

目录

2013年·第4季度

81 国家税务总局关于出口货物劳务增值税和消费税有关问题的公告

国家税务总局公告2013年第65号

84 国家税务总局关于纳税人资产重组有关增值税问题的公告

国家税务总局公告2013年第66号

84 国家税务总局关于企业维简费支出企业所得税税前扣除问题的公告

国家税务总局公告2013年第67号

85 国家税务总局关于发布《航空运输企业增值税征收管理暂行办法》的公告

国家税务总局公告2013年第68号

87 国家税务总局关于非居民企业股权转让适用特殊性税务处理有关问题的公告

国家税务总局公告2013年第72号

89 国家税务总局关于促进残疾人就业增值税优惠政策有关问题的公告

国家税务总局公告2013年第73号

90 国家税务总局关于营业税改征增值税试点增值税一般纳税人资格认定有关事项的公告

国家税务总局公告2013年第75号

91 国家税务总局关于铁路运输和邮政业营业税改征增值税发票及税控系统使用问题的公告

国家税务总局公告2013年第76号

92 国家税务总局　国家发展改革委关于落实节能服务企业合同能源管理项目企业所得税优惠政策有关征收管理问题的公告

国家税务总局 国家发展改革委公告2013年第77号

95 主要涉税文件目录（2013年第4季度）

附录：近期相关经济数据

99 2013年全国主要经济指标

100 2013年工业增加值增长速度

100 2013年工业主要产品产量及增长速度

104 2013年工业分大类行业增加值增长速度

106 2013年全社会客货运输量

107 2013年固定资产投资（不含农户）情况

108 2013年各行业固定资产投资（不含农户）情况

111 2013年社会消费品零售总额

111 2013年居民消费价格分类指数

112 2013年商品零售价格分类指数

113 2013年社会融资规模统计表

114 2013年进出口贸易方式总值

115 2013年全国电力工业统计数据一览表

Contents

Fourth Quarter of 2013

Editorial

8 Reform and Innovation: Freeing Our Minds, While Boosting the Overall Tax Modernization

Tax Revenue

Revenue Analysis

13 Analysis of Tax Revenue Collected Nationwide in 2013

16 Analysis of Social Security Charges Collected by the Taxation Department of 2013

Tax Revenue Data

17 Tax Revenue Collected by the Nationwide Tax Department through the Classification of Taxes

18 Tax Revenue through the Classification of Taxes

20 Goods and Service Tax Revenue through Principal Industries

22 Income Tax Revenue through Principal Industries

23 Tax Revenue by Budgetary Levels set by the National and Local Taxation Department

24 Regional Tax Revenues (East, Central and West Regions)

25 Tax Revenue Collected by National and Local Taxation Offices of Each Region in 2013

26 Revenue of Major Taxes of Each Region in 2013

28 Monthly Tax Revenues in Current Years

29 Monthly Increased Rates of Tax Revenue in Current Years

30 Monthly Domestic Value-Added Tax Revenue in Current Years

31 Monthly Increased Rates of Domestic Value-Added Tax Revenue in Current Years

32 Quarterly Tax Revenue in Current Years

33 Quarterly Domestic Value-Added Tax Revenue in Current Years

34 Increase Rates of Tax Revenue Levels of the Central and Local Budgetary in Current Years

35 Increase Rate of Tax Revenue in Eastern, Central and Western Regions in Current Years

36 Data of Social Security Charges Collected by the Taxation Department in 2013

Important Tax News

37 High Fly the Reform Flag and Make Every Rectification Requirement Implemented and responsibly Fulfilled

40 SAT Commissioner Wang Jun Affectionately Sent Words to the First Batch of Nationwide Tax Leading Talents: Let Millions of Taxman Feel Proud of You

41 SAT Commissioner Wang Jun has Written Articles for the People's Daily: To Advance the Modernization of Tax Administration by Technology Innovation

44 SAT Commissioner Wang Jun has Written Articles for QiuShi: Deepen the Tax Reform and Serve the Overall Development Situation

Tax Policy Interpretation

48 Head of the Property and Behavior Department of SAT has Answered to Reporter's Questions about Land VAT Policies, Collection procedures and Administration Situations

Contents

Fourth Quarter of 2013

49 To Justify Deferred Corporate Income Tax Payment Policies Concerning Enterprises Registered within the China (Shanghai) Pilot Free Trade Zone and Involved in Outbound Investment with Non-monetary Assets and Other Assets Restructuring Activities

51 To Release Policies Concerning the Deferred IIT (Individual Income Tax) Payment for Enterprise Annuity and Occupational Annuity

53 To Release the Implementation Measures for a Tax Treaty Mutual Negotiation Procedure

55 To Justify Issues Concerning Pre-tax Deduction of Service Charge and Commission Fee by Telecommunication Enterprises

56 Adjusting the Declaration Measures for Export Tax Rebate (Exemption)

57 Making Clear Some Issues Concerning the Reduction and Exemption of Enterprise Income Tax on the Proceeds from Technology Transfers

58 To Justify Several Issues Concerning Business Tax on the Transfer of Financial Products

59 To Justify Various Issues Concerning Value-added Tax and Consumption Tax on Export Goods and Labor Services

60 To Justify Some Issues Concerning Value-added Tax for Asset Restructuring of Taxpayers

61 To Justify Various Issues Concerning Pre-tax Deduction of Corporate Income Tax on Expenses for Maintaining Simple Reproduction

62 To Release the Interim Administrative Measures for the Collection of Value-added Tax from Air Transport Enterprises

63 To Justify Some Issues Concerning the Special Tax Treatment Applicable to Equity Transfer by Non-resident Enterprises

65 To Justify Certain Issues Concerning the Preferential VAT Policies Facilitating the Employment of Disabled Persons

65 To Justify Some Issues Concerning the Recognition of the Qualification of General Taxpayers of Value-added Tax in the VAT Pilot Reform

67 To Justify Issues concerning the Use of VAT Invoices and Tax Control System for the Railway Transportation and Postal Service Industries in VAT Reform

68 To Justify Some Collection and Administration Issues relating to the Implementation of Preferential Corporate Income Tax Policies for Energy Efficiency Companies' Energy Management Contract (EMC) Projects

Tax Policy Release

70 Notice by the Ministry of Finance and the State Administration of Taxation on Corporate Income Tax Policies Concerning Enterprises Registered within the China (Shanghai) Pilot Free Trade Zone and Involved in Outbound Investment with Non-monetary Assets and Other Assets Restructuring Activities

71 Notice by the Ministry of Finance, the Ministry of Human Resources and Social Security and the State Administration of Taxation on Issues Concerning Individual Income Tax for Enterprise Annuity and Occupational Annuity

73 Announcement by the State Administration of Taxation on Promulgating the Implementation Measures for Tax Treaties and Mutual Negotiation Procedure

78 Announcement by the State Administration of Taxation on Issues Concerning Pre-tax Deduction of Service Charge and Commission Fees by Telecommunication Enterprises

78 Announcement by the State Administration of Taxation on Adjusting the Declaration Measures or Export Tax Rebates (Exemption)

80 Announcement by the State Administration of Taxation on Some Issues Concerning the Reduction and Exemption of Corporate Income Tax on the Proceeds from Technology Transfers

80 Announcement by State Administration of Taxation on Several Issues Concerning Business Tax on the Transfer of Financial Products

81 Announcement by the State Administration of Taxation on Some Issues Concerning Value-added Tax and Consumption Tax on Export Goods and Labor Services

84 Announcement by the State Administration of Taxation on Some Issues Concerning Value-added Tax for Asset Restructuring of Taxpayers

84 Announcement by the State Administration of Taxation on Some Issues Concerning Pre-tax Deduction of Corporate Income Tax on Expenses for Maintaining Simple Reproduction

85 Announcement by the State Administration of Taxation on Release of the Interim Administrative Measures for the Collection of Value-added Tax from Air Transport Enterprises

87 Announcement by the State Administration of Taxation on Some Issues Concerning the Special Tax Treatment Applicable to Equity Transfer by Non-resident Enterprises

89 Announcement by the State Administration of Taxation on Some Issues Concerning the Preferential VAT Policies Facilitating the Employment of Disabled Persons

90 Announcement by the State Administration of Taxation on Some Issues Concerning the Recognition of the Qualification of General VAT Taxpayers concerning the VAT Pilot Reform

91 Announcement by State Administration of Taxation on Several Issues concerning the Use of VAT Invoices and Tax Control System for the Railway Transportation and Postal Service Industries in VAT Reform

92 Announcement by State Administration of Taxation (SAT), National Development and Reform Commission (NDRC) on Collection and Administration Issues relating to the Implementation of Preferential Corporate Income Tax Policies for Energy Efficiency Companies' Energy Management Contract (EMC) Projects

95 Catalogue of the Main Tax Documents in the fourth quarter of 2013

Appendix: Recent Economic Data

99 Nationwide Main Economic Indicators in 2013

100 Growth Rate of Added Value on Industry in 2013

100 Output and Growth Rate of Major Industrial Products in 2013

104 Growth Rate of Added Value on Industry of Major Category's in 2013

106 Volume of Transportation of Passengers and Cargoes in 2013

107 Fixed Assets in Investment (Farmer Households Excluded) in 2013

108 Fixed Assets in Investment (Farmer Households Excluded) by Industry in 2013

111 Total Retail Sales of Consumer Goods in 2013

111 Consumer Price Index (CPI) by Category in 2013

112 Commodity Retail Price Index by Category in 2013

113 Aggregate Financing of the Economy in 2013

114 Total Import and Export Value Achieved by Various Trade Modes in 2013

115 Statistics of National Electric Power Industry Data in 2013

解放思想 改革创新 全面推进税收现代化

Reform and Innovation: Freeing Our Minds, While Boosting the Overall Tax Modernization

编者按：2013年12月26日，全国税务工作会议在京召开。会议总结回顾了2013年税收工作，对深入学习贯彻党的十八届三中全会精神作了部署，提出了今后一个时期税收工作奋斗目标，并对2014年税收工作进行了安排，号召全国税务系统广大干部职工解放思想，改革创新，全面推进税收现代化，谱写税收事业发展的新精彩、新篇章。国家税务总局党组书记、局长王军代表税务总局党组作了工作报告。本文根据王军局长工作报告整理而成，文中标题为编者所加。

一、关于2013年税收工作情况

2013年以来，在党中央、国务院的正确领导下，全国税务系统稳中求进、锐意前进、齐心共进、砥砺奋进，税收工作取得了显著成绩。

——稳中求进，完成一个任务。面对2013年组织收入工作的复杂形势和严峻挑战，不动声色地通过堵塞漏洞增收、科技管理增收，实施海关进口增值税专用缴款书“先比对后抵扣”管理办法、改革车辆购置税征管模式、加强土地增值税征管、强化股权转让税收管理等措施，针对薄弱环节加强各税种管理，有效减少了税收流失。稳、准、狠地查办了一批大案要案。不折不扣落实各项税收优惠政策，坚决不收“过头税”，促进依法征税，圆满实现全年税收增长目标。

——锐意前进，推动两个转变。一是切实推动职能转变。突出服务大局，从税收看经济、看社会、看发展，抓实税收分析，围绕经济社会发展大局积极建言献策；突出简政放权，按照国务院要求取消和下放审批项目9项，自行取消2项，并研究制定后续管理措施；突出减负提效，精简报表资料，规范评比检查，减少各类会议，减轻纳税人办税负担。二是切实推动作风转变。深入基层和纳税人了解情况、查找问题、听取意见，畅通听取税情民意的渠道，寻求破解发展难题的对策；总局专项督办答复基层请示不及时等问题，按期办结率由不足50%提高到95%以上；从公文办理、考勤、办公环境等具体问题切入，开展作风纪律整顿，系统上下工作作风明显好转。

——齐心共进，打好三场硬仗。一是教育实践活动的硬仗。着眼“三个服务”，立足“三个实在”，严格“三个禁止”，推出为民务实清廉主题落在税收工作上的50条措施，形成了具有鲜明税务特色的践行群众路线抓手；坚持敞开大门搞活动，聚焦“四风”查问题，深刻剖析，开展批评和自我批评；总局党组制定142条整改措施，将已经整改的57项成果分三批进行了公示，国税系统精简会议900多个、清理评比达标表彰项目200多个、清理超标准办公用房28万平方米、清理超标公务用车700多辆。二是推进税制改革的硬仗。8月1日“营改增”在前期9个省市试点的基础上扩大到全国22个省区市，加强统筹协调，开展对口帮扶，扩大试点取得了彻底胜利，在稳增长、调结构、促改革和改善民生中发挥了积极作用；抓好各项税收优惠政策的落实，认真执行暂免征收部分小微企业增值税和营业税等税收政策，加大鼓励高新技术、区域发展、节能环保等税收政策落实力度，加快出口退税进度，支持外贸出口。三是金税工程建设的硬仗。在重庆、山东、山西推进金税三期工程扩大试点，克服各种困难，按时实现了单轨运行，解决运行中出现的各种问题，进一步完善了系统功能。

——砥砺奋进，深化四项建设。一是深化税收法治建设。推动修改税收征管法，清理税收优惠政策，开展税收执法疑点核查。二是深化管理服务建设。加强办税窗口建设和办税服务工作，畅通税企沟通渠道，建成“立足北京、服务全国”的12366北京呼叫中心，总局代表我国政府同OECD签署了《多边税收征管互助公约》，深化税收风险管理，推广网络发票，促进依法征收。三是深化干部队伍建设。坚持制度先行，在干部选拔任用等方面出台了一些制度；坚持多措并举，总局明确了选拔任用干部实行考察任用、竞争选拔、党组推荐三措并举的思路；健全了总局领导班子，任用了一批司处级干部；坚持培养人才，在加强各级各类培训的基础上，启动了首批税务领军人才培养工作；坚持管理创新，形成总局机关和税务系统绩效管理办法，探索加强税务干部队伍管理、推动工作落实的新机制；坚持创先争优，推进党建和思想政治工作，加强注册税务师行业党建，开展精神文明创建工作，涌现出一大批先进典型，有200多个集体和100多名个人获得省部级以上荣誉称号。四是深化党风廉政建设。严明政治纪律，确保政令畅通；加大中央八项规定及总局党组实施办法监督检查力度，在中央国家机关率先制定监督检查办法；制定税务系统领导班子和领导干部监督管理办法实施细则，加强巡视、督审监督；认真贯彻执行税收违法违纪行为处分规定，实施涉税大要案“一案双查”；深化内控机制信息化建设，推进网络廉政教育、廉政之窗网站建设。

二、关于当前和今后一个时期税收工作总体思路

党的十八大确立了全面建成小康社会和全面深化改革开放的目标。十八届三中全会对全面深化改革，完善和发展中国特色社会主义制度，推进国家治理体系和治理能力现代化作出了战略部署。《中共中央关于全面深化改革若干重大问题的决定》（以下简称《决定》）对税制改革提出的要求，可以概括为“一个鲜明特点、五个重要方面”：“一个鲜明特点”，就是从推进国家治理体系和治理能力现代化的高度部署税制改革，强调财政是国家治理的基础和重要支柱，科学的财税体制是优化资源配置、维护市场统一、促进社会公平、实现国家长治久安的制度保障。这凸显了税收在国家治理体系和治理能力现代化中的重要地位，使税收的职能作用超越了经济层面，成为治国理政的重要手段，丰富和发展了马克思主义税收理论。“五个重要方面”，就是保持税负稳定、现有中央和地方财力格局总体稳定“两个稳定”、落实税收法定、优化税制结构、支持

全面改革、完善征管体制。这为深化税制改革，发挥税收在推进国家治理体系和治理能力现代化中的积极作用指明了方向。

中央经济工作会议深入分析了当前形势，对2014年经济工作作了全面部署。强调要坚持稳中求进工作总基调，把改革创新贯穿于经济社会发展各个领域各个环节，保持宏观经济政策连续性和稳定性，着力激发市场活力，加快转方式调结构，加强基本公共服务体系建设，着力改善民生，切实提高经济发展质量和效益，促进经济持续健康发展、社会和谐稳定。提出要深化财税体制改革，完善结构性减税政策。这对我们做好2014年税收工作具有重要指导意义。

全国税务系统要把学习贯彻党的十八大和三中全会《决定》、习近平总书记系列讲话和李克强总理关于经济工作的讲话精神，作为当前和今后一个时期的重要政治任务，以更好统一干部思想、指导改革实践、促进事业发展。

一要着眼未来定目标。建立完备规范的税法体系、成熟定型的税制体系、优质便捷的服务体系、科学严密的征管体系、稳固强大的信息体系、高效清廉的组织体系，到2020年基本实现税收现代化。

二要正视问题找差距。充分认识到同《决定》要求相比，同实现税收现代化目标相比，税收工作面向科学发展，服务大局有差距，面向市场经济，职能转变有差距，面向法治中国，依法治税有差距，面向科技创新，信息管税有差距，面向事业需要，人才支撑有差距，面向国际潮流，合作竞争有差距，进一步增强忧患意识，以更强烈的紧迫感、责任感和使命感，积极应对各种挑战，推动税收事业实现大变革和大发展。

三要改革创新谋发展。创新理念，树立善治理念、弘扬法治理念、增强共治理念；创新机制，实施绩效推进机制、完善信息管税机制、健全人才保障机制；创新组织，优化资源配置、激发组织活力、强化领导责任；创新方法，坚持顶层设计与基层探索相结合、坚持面上统筹与点上突破相结合、坚持总结经验与持续改进相结合；创新能力，强化学习能力、强化思考能力、强化感悟能力；创新文化，培育税务精神、凝聚税务力量、彰显税务形象。要把个人梦融入基本实现税收现代化的税务梦，在奋力实现中华民族伟大复兴中国梦的征程中，坚定自信、增强自觉、实现自强，以不避难的态度去担当，以钉钉子的精神去落实，创造税收事业光辉灿烂的未来。

三、关于2014年税收工作重点任务

一是依法组织税收收入。严格依法征税，严肃组织收入工作纪律，继续开展税收收入质量检查，坚决防止和查处收“过头税”、空转等违规行为。继续堵漏增收，认真查找征管薄弱环节，分税种、分管理事项逐一研究堵漏增收措施，逐步形成加强征管长效机制。加强收入形势预测，牢牢把握组织收入工作主动权。抓好税收分析，探索建立能对宏观经济运行、税收收入走势和税收征管工作产生重要影响的税收指数。

二是积极深化税制改革。精心制定税制改革方案，统筹做好税制改革工作，加强与财政部等有关部门的协同，设计税制改革总体方案和分项、分步实施方案。认真落实国务院出台的税制改革政策措施，扎实做好2014年1月1日起实施的铁路运输和邮政业“营改增”试点工作。认真落实企业年金和职业年金个人所得税递延纳税、扩大研发费用税前扣除范围、治理大气污染、鼓励居民消费、支持棚户区改造、推动上海自贸区发展、扩大国家自主创新示范区先行先试政策实施范围等税收措施。落实和完善涉农税收优惠政策。完善“先比对后抵扣”管理办法，优化出口退税管理。完善有关税制改革政策措施，加大小微企业发展政策支持力度，完善促进就业创业、企业重组与股权投资、支持“走出去”、服务外包等方面税收政策，研究完善地方税体系。着力打造税收政策快速响应机制，加强政策解读工作，抓

好政策落实，进一步清理规范税收优惠政策。

三是大力推进依法治税。健全依法行政重大基础性制度，研究建立税务系统法律顾问和公职律师制度，继续开展依法行政综合绩效考核试点，推进法治税务示范基地建设，推进税收征管法修改工作，完善税务部门规章和税收规范性文件清理、合法性审核以及备案审查制度。建立税务行政审批事项目录清单制度，对现有税务行政审批项目实行目录清单制度并向社会公开，深入研究工商注册制度改革后税收管理制度的衔接与配套问题，大力推进网上审批。实施税收执法权力清单制度，分步对税收执法权力逐项明示，规范税务行政裁量权，强化税收执法监督和执法督察。探索施行税务"黑名单"制度，在税务网站公告重大税收违法案件。

四是切实优化纳税服务。提高纳税服务信息化水平，大力推行网上办税，打造便捷高效的网上办税服务厅。全面推行首问责任制，建立完善沟通协调、业务支持、责任追究等制度。扎实做好纳税人满意度调查，优化调查指标设置，针对调查中反映的问题切实抓好整改，抓好纳税人权益保护工作。

五是加快推动征管改革。研究征管改革具体指导意见。大力推进信息管税，建立风险管理平台，完善监控指标，健全风控机制，加快实行电子发票的步伐。切实加强大企业税收管理，推进专业化管理，实施分集团、分事项税收风险管理，引导大企业健全风险内控机制。进一步完善国际税收管理体系，抓紧落实实施《多边税收征管互助公约》涉及的国内法修改工作。加大反避税行业联查和跨区域联查力度，积极参与G20框架下和其他国际税收规则制定。不断强化税务稽查，推进稽查现代化建设，加大稽查执法力度，依法查处重大税收违法案件并有序分批向社会曝光，继续开展税收专项检查和专项整治。

六是进一步推进税收信息化建设。继续抓好金税三期工程试点，对需求、流程等进行认真梳理，全面开展业务优化、技术提升工作，形成一个可移植、可扩充、可兼容、可信赖的版本，并不断完善系统功能。完善金税三期工程辅助决策系统，与综合征管信息系统对接，推进分析决策、查询统计等工作的开展。大力推进部门信息共享，加快金税三期工程外部信息交换系统的应用。加强信息化统一管理，加大工作统筹力度，避免多头开发、重复建设，建立政策调整与软件升级同步机制，强化信息安全保障。

七是不断加强干部队伍建设。深化干部人事制度改革，改革完善干部选拔任用、考核评价等一系列制度办法，促进干部人事管理制度化、规范化、科学化、常态化。加强领导班子建设，重视一把手培养选拔，选好配强一把手。加强与系统外的干部交流。加强基层建设，总局和省局要加强对县局班子的指导和管理，从现任县局一把手中选拔一批领军人才重点培养。加大对基层的投入。抓好人才培养，重视领军人才推荐和培养，把好税务系统进人关，抓好后备干部培养选拔和人才库建设。做好离退休干部工作。

八是着力抓好党风廉政建设。认真落实党风廉政建设责任制，领导班子成员要切实履行"一岗双责"。加强纪检监察干部队伍建设，配齐配强省国税局纪检组长，在稽查局或管理分局设置纪检监察机构或配备专职纪检监察干部。加强反腐败体制机制创新和制度保障，深化内控机制建设。加强对权力的制约和监督，严格"三重一大"集体决策程序，严格落实个案审批制度，加强"两权"运行，强化领导班子和领导干部监督，加强巡视监督和经济责任审计。继续加大案件查办力度，严肃查处各种违纪违法行为。抓好中央八项规定的贯彻落实，严格执行《党政机关厉行节约反对浪费条例》，对办公用房、公务用车、基本建设进行专项治理。严格控制"三公"经费支出。落实好国务院"约法三章"及总局"三个禁止"。深化税务廉政文化建设。

九是认真搞好教育实践活动。第一批活动

单位要在持续整改、巩固提高、做好总结上下功夫，深入抓好总局和各省局活动整改“两方案一计划”的落实，确保把群众提出的意见整改到位。第二批活动单位要在提前准备、严格标准、狠抓落实上下功夫，认真借鉴第一批活动的有效做法，尽早抓好方案设计，精心组织实施，确保活动健康发展。税务系统作风建设要在制度化、常态化上下功夫，加强监督检查，强化正风肃纪。大力宣传先优典型，弘扬先进的税务文化。

十是扎实开展绩效管理。把握总体布局，做到一年试运行，两年见成效，三年创品牌，形成具有时代性、引领性和示范性的税务绩效管理文化。采取硬措施，使制度和考评指标设计努力做到目标明确、任务量化、节点清晰、过程可控、结果可考，进一步营造人人担当、人人争先的良好氛围。

要进一步加强税收宣传工作。着眼于把握话语权、增强影响力、扩大覆盖面，积极宣传税务部门服务经济社会发展的特色亮点工作，宣传税收法规政策，宣传推进税收现代化的成效，营造良好改革氛围。切实改进全国税收宣传月活动工作。及时应对、妥善处理各类涉税舆情，积极传播正能量，弘扬中国税务主旋律。围绕多出好成果，加强税收理论研究，丰富理论储备，强化理论支撑，更好引领税收事业长远发展。

一分部署，九分落实。这次会议吹响了解放思想、改革创新、奔赴未来的集合号。全国税务系统广大干部职工要咬定目标，矢志笃行，狠抓落实，把会议精神转化为工作的强大动力，奋力描绘中国税收现代化的美好蓝图。

2013年全国税收收入情况分析

Analysis of Tax Revenue Collected Nationwide in 2013

2013年，全国税收收入累计完成119943亿元（不包括关税和船舶吨税，未扣减出口退税，下同），比2012年增长8.3%，增收9203亿元。其中税务部门组织的税收收入完成105901亿元，增长10.5%；海关代征进口税收完成14042亿元，下降5.6%。全国共办理出口退税10519亿元，增长0.9%。此外，税务部门还组织征收社会保险费、教育费附加、文化事业建设费等其他收入16640亿元，增长12.9%，增收1895亿元。

一、税收收入主要特点

（一）税收与经济协调增长，税收增速逐季回升

2013年GDP增长7.7%，CPI上涨2.6%。与之相适应，全年税务部门组织的税收收入增长10.5%，税收收入增长与经济增长基本协调。各季度税收收入增速与经济增长趋势也基本一致，上半年我国经济增速放缓，下半年经济明显企稳回升；相应地，1—4季度税收收入增速分别为3%、8.2%、10.9%、11.8%，也呈逐季上升趋势。

（二）中央级税收收入增长慢于地方级，但增速逐季加快

2013年，中央级税收收入完成66425亿元，增长4.4%，扣除海关代征进口税收后，税务部门组织的中央级税收收入增长7.4%。全年中央级税收收入增长呈逐季加快趋势，一季度下降4.5%，二季度转降为升增长4.2%，三、四季度增速进一步加快到9.5%和9.9%。地方级税收收入完成53518亿元，增长13.6%，快于中央级9.2个百分点。全年四个季度地方级收入增速比较平稳，在13%上下浮动。

（三）主体税种平稳增长，财产行为税收入继续较快增长

2013年，国内货物劳务税、所得税和财产行为税分别完成57061亿元、30411亿元和18429亿元，分别占比47.6%、25.4%和15.4%，各税种比重基本稳定，财产行为税占比提高1.3个百分点。从增长贡献来看，财产行为税增长18.1%，拉动全部税收增长2.5个百分点；其中，证券交易印花税、契税、土地增值税、车船税等增速均在20%以上，

分别增长54.5%、33.6%、21.1%和20.6%。国内货物劳务税增长8.8%，拉动全部税收增长4.2个百分点；其中，国内增值税、营业税、消费税和车辆购置税分别增长9%、9.4%、4.8%和16.5%。所得税增长9.3%，其中企业所得税和个人所得税分别增长8.5%和12.2%。财产行为税增速分别比国内货物劳务税和所得税快9.3个和8.8个百分点。

（四）房地产业税收增长突出，工业税收持续低迷

2013年，税收收入规模前四位的行业分别是制造业、房地产业、批发零售业和金融业，共完成税收收入82482亿元，占比68.8%。各行业税收增速差距较大，房地产业税收增长26.5%，增收3240亿元，占全部增收额的35.2%，拉动全部税收收入增长2.9个百分点。工业税收持续低迷，仅增长2%，其中采矿业和制造业税收分别下降8.1%和增长2.2%。金融业税收增长14.7%，增速仅为2012年的一半。批发零售业税收延续2012年的低增长，增长5.4%。此外，第三产业中租赁和商务服务业税收增势较好，增长15.3%，比2012年提高2.3个百分点。

（五）中、西部地区税收收入增长快于东部，三大区域税收增幅差距逐步缩小

2013年，东、中、西部地区税收收入分别完成79357亿元、20320亿元和20266亿元，分别增长7.6%、10.2%和9.2%，中、西部地区收入增速分别比东部快2.6个和1.6个百分点。从税务部门组织的税收收入来看，东、中、西部地区分别增长11.5%、11.3%和10.6%，三大区域税收收入增长较为均衡。从收入规模占比看，东部地区税收占比为三分之二强，中、西部地区各约占六分之一。

二、税收收入增减因素分析

2013年，全国税收收入继续保持稳定增长，与经济发展基本协调，但增幅较2012年和2011年均有所回落，主要是受经济增速放缓、价格涨幅回落以及继续推进税制改革等多重因素综合影响的结果。

（一）经济增长放缓和价格涨幅回落导致税收增速趋缓

2012年以来，经济形势从前几年高速增长转为中高速增长，2012年和2013年的GDP增速均低于8%。一些与税收相关性较大的经济指标增幅也相应回落，工业增加值持续个位数增长，前11个月累计增幅为9.7%；固定资产投资额增速低于20%，前11个月累计增幅为19.9%；前11个月社会消费品零售总额增速也较2012年回落1.2个百分点；前11个月工业品出口交货值仅增长4.6%。总体来看，生产、投资、消费和出口等各项经济指标都低于往年。经济增长放缓对第二产业的税收收入影响最为直接，其中除建筑业和电力生产税收增长较快外，采矿业税收下降19.2%，制造业税收仅增长2.2%，制造业中只有汽车、计算机、电气机械、专用设备制造等行业出现增长，多数行业税收下降。

与此同时，各种价格指数维持较低水平甚至下降。前11个月居民消费价格指数较上年同期上涨2.6%，其中主要是食品价格和居住价格分别上涨4.7%和3%；对税收影响更为直接的工业品出厂价格同比下降2%，其中生产资料价格同比下降2.6%。反映在税收上，受价格下降影响，煤炭、原油、钢坯钢材、有色金属等多个行业增值税出现下降，其中煤炭增值税降幅达20%。

（二）落实税收政策减少了税收收入

根据党中央、国务院的决策部署，2013年继续落实一系列税收政策，积极稳妥地深化税制改革，减少了税收收入。其中对税收收入产生较大影响的政策主要是“营改增”试点扩围。在部分地区先行试点的基础上，经国务院批准，自2013年8月1日起，在全国范围内开展交通运输业和部分现代服务业“营改增”试点，并适当扩大了部分现代服务业范围，将广播影视作品的制作、播映、发行等纳入试点，全年因实行“营改增”减

税1200多亿元。此外，实施支持小微企业发展、支持科技创新和战略性新兴产业发展、促进改善民生、加快资本市场发展、促进资源综合利用和环境保护等税收政策，都在一定程度上减少了税收收入。

（三）不断改进纳税服务和依法加强税收征管促进税收收入增长

在经济增长放缓以及政策性减收的情况下，税收收入依然实现平稳增长，一个重要原因是税务部门不断改进纳税服务，依法加强税收征管。2013年，按照准确掌握潜力所在，稳妥推出重点措施，不动声色依靠打击违法增收、堵塞漏洞增收、科技管理增收，坚决不收“过头税”，确保完成全年税收收入任务的思路，税务部门先后研究实施了多项堵漏增收措施，取得明显成效。一是推行海关进口增值税专用缴款书“先比对后抵扣”管理办法，有力震慑和打击了不法分子利用伪造海关缴款书骗抵税款的行为。二是加强土地增值税征管，进一步提高了土地增值税管理质量和效率。全年全国共入库土地增值税3293.89亿元，增长21.1%，高出同期全国税收增幅12.8个百分点。三是改革车辆购置税征管模式，加强了车购税征管。2013年全国共入库车购税2596.26亿元，增长16.5%，高出同期全国税收增幅8.2个百分点，其中9—12月分别增长16.5%、28.3%、17.7%和26.6%，均明显高于前8个月13.5%的累计增幅。四是积极获取第三方涉税信息，分别同人民银行、工商总局、证监会、公安部、烟草局等部门开展信息共享。特别是与工商总局共享股权转让信息，加强股权转让税收管理。全年全国税务、工商部门共享股权转让信息超过1000万条，利用共享信息查补税款超过80亿元。五是大力加强税务稽查，严厉打击涉税违法行为。会同公安部等部门开展打击整治发票违法犯罪、“营改增”试点行业虚开骗税违法犯罪、骗取出口退税违法犯罪等专项行动，稳、准、狠地查办了一批大要案，并有序向社会曝光，2013年共查补税款1460亿元。六是不折不扣落实各项税收优惠政策，坚决不收“过头税”。反复强调“过头税”害人害己害长远，必须做到“好时不放人情水、难时不收‘过头税’”。及时组织了税收收入情况调研检查和执法监督，制止和纠正了一批落实税收优惠政策不到位和收“过头税”、空转等违法行为，提高了税收收入质量。

2013年税务机关征收社会保险费收入情况分析

Analysis of Social Security Charges Collected by the Taxation Department of 2013

2013年，全国负责征收社会保险费的税务机关积极优化服务，切实加强管理，密切部门协作，实现了社会保险费收入持续稳定增长。

一、收入情况

2013年，河北、内蒙古、辽宁、大连、黑龙江、江苏、浙江、宁波、安徽、福建、厦门、湖北、湖南、广东、海南、重庆、云南、陕西、青海、甘肃、宁夏等21个省、自治区、直辖市和计划单列市地方税务局共征收五项社会保险费收入12460.79亿元，比上年同期增长14.34%。其中：征收基本养老保险费收入8688.79亿元，增长13.45%；失业保险费收入604.92亿元，增长7.89%；基本医疗保险费收入2774.40亿元，增长17.96%；工伤保险费收入248.99亿元，增长19.35%；生育保险费收入143.69亿元，增长21.71%。

二、收入特点

（一）社会保险费收入总额继续保持稳定增长。2013年，全国税务机关征收五项社会保险费收入达到12460.79亿元，比上年同期增长14.34%，增势平稳。

（二）五项社会保险费收入均实现平稳增长。基本养老、失业、基本医疗、工伤和生育五项社会保险费收入分别比上年同期增长13.45%、7.89%、17.96%、19.35%和21.71%，实现平稳增长。

（三）各地区收入普遍平稳增长。除河北（9.53%）增幅在10%以下，其他20个地区仍保持稳步增长态势。其中，有4个地区增幅超过20%以上，分别为厦门（27.10%）、宁夏（23.14%）、安徽（22.44%）、黑龙江（20.85%）。

三、收入增减因素分析

（一）政策调整等一次性因素影响了部分地区的收入。如宁波根据市人社局、财政局《关于被征地人员养老保障与职工基本养老保险衔接的实施意见》精神，被征地农民在按政策规定补缴后，可向基本养老保险过渡，享受相应政策待遇，2013年12月，部分县（市）入库补缴费款4.66亿元，促进了养老保险费收入的增长。

（二）费源变化影响收入。如辽宁在全省范围内开展了为期三个月的“企业基本养老保险扩面征缴百日行动”，采取了多种有效征缴措施，使全省养老保险费收入同比增收297827万元。浙江加强社会保险扩面工作，到2013年底，全省（不含宁波）社会保险费查账征收企业缴费户数达到77.44万户，比上年同期增长12.68%，拉动社会保险费增长7个百分点左右。

（三）大力清缴欠费促进了社保费收入的增加。2013年，各地税务机关共清理社会保险费欠费442.87亿元，其中陈欠224.90亿元，新欠217.97亿元。如宁夏严格建立重点费源台账和欠费台账，实施动态管理，加大费源监控力度，并将清欠工作列入了年度目标管理考核，全年共清理欠费17.65亿元。江苏省加大社会保险费清欠力度，认真处理破产企业的欠费问题，加强对资产变现的监控，联合当地人社部门开展社会保险费专项检查工作，做好对拒不缴纳社会保险费企业的强制执行工作，2013年全省共清理社会保险费欠费44亿元。

税务部门组织收入分税种完成情况

Tax Revenue Collected by the Nationwide Tax Department through the Classification of Taxes

项　　目	2012年收入（亿元）	增长（%）	2013年收入（亿元）	增长（%）
国内税收收入合计	110740.04	11.20	119942.99	8.30
1. 国内增值税	26533.14	8.10	28933.27	9.00
2. 国内消费税	7916.57	13.30	8293.99	4.80
3. 海关代征进口税收	14874.38	9.30	14042.10	-5.60
4. 营业税	15751.29	15.10	17237.93	9.40
5. 企业所得税	22007.61	12.27	23879.76	8.51
其中：内资企业	16615.27	16.99	18203.31	9.56
外资企业	5392.34	-0.15	5676.45	5.27
6. 个人所得税	5820.36	-3.90	6531.05	12.20
7. 资源税	904.26	51.00	1005.52	11.20
8. 城镇土地使用税	1540.69	26.10	1718.69	11.60
9. 固定资产投资方向调节税	0.51	2774.20	0.02	-95.80
10. 城市维护建设税	3126.74	12.60	3419.36	9.40
11. 印花税	986.79	-5.50	1245.50	26.20
其中：证券交易印花税	304.66	-30.80	470.80	54.50
12. 土地增值税	2718.99	31.80	3293.89	21.10
13. 房产税	1372.48	24.50	1581.47	15.20
14. 车船税	392.89	30.10	473.96	20.60
15. 车辆购置税	2228.87	9.00	2596.26	16.48
16. 烟叶税	131.75	44.10	150.16	14.00
17. 耕地占用税	1583.75	47.70	1734.69	9.50
18. 契税	2848.97	3.09	3805.38	33.57

注：表中“税收收入”不含关税和船舶吨税，未扣减出口退税。

各税种

Tax Revenue through

年	月	国内增值税	国内消费税	营业税	企业所得税	内资企业	外资企业	个人所得税	海关代征进口税收	资源税	城镇土地使用税
		收　入（亿元）									
2011	1–12	24551.43	6988.73	13679.84	19602.72	14202.16	5400.57	6054.05	13606.70	598.84	1222.26
2012	1–3	6621.25	2397.87	3997.48	5140.00	3778.58	1361.42	1905.90	4141.99	249.09	372.20
	1–6	13490.11	4224.10	7814.36	14342.08	11158.73	3183.34	3271.04	7673.51	517.41	838.34
	1–9	19332.98	6147.09	11611.78	18186.96	13871.27	4315.69	4588.04	11114.11	714.89	1158.34
	1–12	26533.14	7916.57	15751.29	22007.61	16615.27	5392.34	5820.36	14874.38	904.26	1540.69
2013	1	2422.81	670.48	2154.85	3677.97	2615.59	1062.38	757.55	1009.11	90.98	171.74
	2	2411.00	1198.35	1178.44	643.51	546.48	97.03	593.79	852.95	76.84	60.70
	3	2173.31	583.44	1237.72	957.83	779.59	178.24	728.74	1094.57	98.82	169.43
	4	2156.20	643.95	1659.52	3022.18	2113.73	908.45	494.53	1140.89	74.78	196.56
	5	2257.75	635.13	1165.46	4459.60	3922.23	537.37	503.28	1218.01	88.73	135.11
	6	2959.92	651.49	1501.79	2241.12	1800.72	440.39	547.16	1048.83	119.97	193.84
	7	1962.58	612.23	1669.15	3124.27	2087.62	1036.65	496.94	1263.08	60.67	171.09
	8	2048.86	685.62	1155.97	636.48	504.99	131.49	482.09	1158.98	62.17	63.16
	9	2524.18	717.03	1154.40	736.67	615.92	120.74	461.52	1200.02	79.28	124.90
	10	2441.42	742.55	1641.89	3126.61	2202.67	923.94	451.85	1191.23	67.13	190.75
	11	2511.61	590.16	1192.34	600.22	485.87	114.35	459.47	1293.49	86.80	115.79
	12	3063.63	563.57	1526.40	653.31	527.90	125.41	554.13	1570.95	99.34	125.61
	1–3	7007.12	2452.26	4571.00	5279.31	3941.66	1337.65	2080.08	2956.63	266.65	401.87
	1–6	14380.99	4382.83	8897.78	15002.21	11778.34	3223.86	3625.05	6364.36	550.13	927.38
	1–9	20916.61	6397.71	12877.30	19499.62	14986.87	4512.75	5065.60	9986.44	752.25	1286.54
	1–12	28933.27	8293.99	17237.93	23879.76	18203.31	5676.45	6531.05	14042.10	1005.52	1718.69
		比上年同期增长（%）									
2011	1–12	13.6	15.1	22.6	34.7	35.7	32.1	25.1	29.2	43.4	21.7
2012	1–3	3.9	15.3	7.8	15.6	18.7	7.6	–6.3	12.9	78.2	33.0
	1–6	6.9	12.3	9.8	16.0	22.3	–1.6	–7.9	7.0	68.3	31.2
	1–9	4.7	11.2	12.2	11.7	16.7	–1.8	–8.2	3.3	60.3	28.1
	1–12	8.1	13.3	15.1	12.3	17.0	–0.2	–3.9	9.3	51.0	26.1
2013	1	5.5	–4.1	8.8	4.3	6.3	–0.3	13.6	–37.9	8.0	10.5
	2	10.9	10.3	25.1	–2.2	3.2	–24.5	–19.4	–30.1	9.2	–15.0
	3	1.0	–4.7	15.1	0.3	–1.1	6.8	45.0	–15.7	4.6	16.6
	4	7.3	2.4	15.1	1.5	1.0	2.5	13.8	–0.6	0.9	14.4
	5	4.9	5.2	14.6	5.2	5.5	3.1	14.5	–5.9	4.9	18.9
	6	9.3	9.8	10.6	12.9	14.6	6.3	11.4	–3.8	9.4	7.3
	7	11.0	1.1	10.0	9.5	7.4	14.0	5.7	7.9	–1.3	16.2
	8	13.8	4.6	6.4	22.6	20.0	33.5	15.0	–0.9	1.4	9.0
	9	11.0	8.3	–3.3	56.0	77.3	–3.2	7.9	9.1	6.1	8.7
	10	11.7	7.6	6.4	16.7	19.8	10.1	17.0	16.0	14.8	22.1
	11	13.3	9.3	4.7	13.4	12.7	16.6	16.7	6.2	54.9	18.0
	12	9.5	4.5	4.7	6.6	11.4	–9.8	22.5	3.7	32.7	–1.8
	1–3	5.8	2.3	14.3	2.7	4.3	–1.7	9.1	–28.6	7.0	8.0
	1–6	6.6	3.8	13.9	4.6	5.6	1.3	10.8	–17.1	6.3	10.6
	1–9	8.2	4.1	10.9	7.2	8.0	4.6	10.4	–10.1	5.2	11.1
	1–12	9.0	4.8	9.4	8.5	9.6	5.3	12.2	–5.6	11.2	11.6

收入情况

the Classification of Taxes

固定资产投资方向调节税	城市维护建设税	印花税	证券交易印花税	土地增值税	房产税	车船税	车辆购置税	烟叶税	耕地占用税	契税	年	月
收 入（亿元）												
0.02	2777.31	1043.73	439.98	2062.80	1102.39	301.99	2044.89	91.40	1071.97	2763.61	2011	1-12
0.28	828.87	270.60	88.32	604.89	315.92	93.04	561.27	16.51	381.96	652.93	2012	1-3
0.48	1597.09	532.12	176.94	1372.48	738.92	202.00	1084.80	22.86	895.93	1377.03		1-6
0.50	2325.40	760.36	249.96	2006.57	1011.90	295.37	1649.85	56.65	1156.63	2077.11		1-9
0.51	3126.74	986.79	304.66	2718.99	1372.48	392.89	2228.87	131.75	1583.75	2848.97		1-12
0.00	345.73	147.47	46.88	293.59	155.02	42.75	272.22	13.67	94.86	279.05	2013	1
0.00	286.10	83.65	33.98	219.40	64.19	46.06	149.73	2.10	68.50	214.46		2
0.00	246.52	90.68	39.11	301.78	116.02	35.38	191.67	4.69	228.97	410.22		3
0.00	291.12	95.14	31.24	249.11	209.40	45.61	202.14	0.62	93.14	316.13		4
0.00	255.13	90.72	32.66	274.95	153.71	43.04	226.24	0.74	137.53	305.87		5
0.00	302.60	106.02	39.52	424.05	122.69	41.76	190.96	8.42	322.17	390.18		6
0.00	282.14	103.53	37.11	238.35	141.88	34.31	219.27	1.03	72.85	282.73		7
0.00	249.36	95.85	41.20	223.98	70.33	36.42	203.33	3.40	83.88	305.88		8
0.00	270.44	106.83	50.67	255.93	118.17	36.44	222.12	34.57	162.86	331.44		9
0.00	310.32	105.46	40.11	229.66	195.02	37.58	224.55	38.47	109.42	268.94		10
0.00	269.33	99.81	39.94	252.54	127.89	35.14	233.71	28.12	139.24	311.70		11
0.02	310.57	120.33	38.38	330.56	107.16	39.47	260.32	14.32	221.27	388.78		12
0.00	878.35	321.81	119.97	814.76	335.23	124.20	613.62	20.47	392.34	903.73		1-3
0.00	1727.20	613.69	223.38	1762.88	821.02	254.60	1232.96	30.25	945.17	1915.91		1-6
0.01	2529.14	919.90	352.36	2481.13	1151.40	361.77	1877.68	69.25	1264.77	2835.96		1-9
0.02	3419.36	1245.50	470.80	3293.89	1581.47	473.96	2596.26	150.16	1734.69	3805.38		1-12
比上年同期增长（%）												
-79.5	47.2	0.2	-19.4	61.4	23.3	25.0	14.1	16.7	20.70	12.10	2011	1-12
10742.3	14.7	-6.9	-33.0	4.6	40.1	24.9	22.1	58.5	55.30	-15.00	2012	1-3
8913.2	12.2	-6.4	-31.7	14.8	30.3	26.0	11.7	50.4	56.90	-10.90		1-6
3437.3	11.4	-7.4	-32.1	22.7	26.5	29.1	10.0	69.8	50.60	-4.60		1-9
2774.2	12.6	-5.5	-30.8	31.8	24.5	30.1	9.0	44.1	47.70	3.10		1-12
-99.7	4.7	38.1	153.1	43.0	19.1	49.1	44.3	26.5	25.10	51.80	2013	1
	12.5	18.5	18.7	41.4	-8.4	43.7	-14.2	-22.2	-18.80	17.00		2
-99.1	0.9	-2.7	-5.0	23.4	0.3	9.5	-3.3	56.3	3.30	43.50		3
-66.7	12.4	10.6	9.8	31.4	19.3	18.8	24.1	28.6	-9.30	61.10		4
	11.3	7.3	0.9	26.0	13.2	24.9	15.0	-25.0	3.10	37.50		5
-99.0	8.1	16.6	42.2	17.9	10.0	15.7	16.5	72.6	15.90	27.80		6
	11.5	28.8	58.0	15.7	22.5	10.5	20.8	5.3	20.00	42.20		7
-83.5	11.1	31.9	62.1	17.1	13.8	18.1	5.4	12.3	13.60	22.40		8
-32.8	7.9	42.0	110.1	8.1	23.9	15.7	16.5	16.1	29.10	31.90		9
	9.9	42.2	111.9	8.9	20.2	17.4	28.3	11.5	28.40	32.40		10
	14.8	49.1	112.4	25.4	19.3	20.4	17.7	12.1	23.80	29.10		11
66.7	9.2	41.0	126.1	10.2	17.6	8.6	26.6	-7.7	-3.60	18.70		12
-99.7	6.0	18.9	35.8	34.7	6.1	33.5	9.3	23.9	2.70	38.40		1-3
-99.4	8.1	15.3	26.2	28.4	11.1	26.0	13.7	32.3	5.50	39.10		1-6
-97.9	8.8	21.0	41.0	23.7	13.8	22.5	13.8	22.2	9.30	36.50		1-9
-95.8	9.4	26.2	54.5	21.1	15.2	20.6	16.5	14.0	9.50	33.60		1-12

重点行业货物

Goods and Service Tax Revenue

年	月	工业增值税及消费税	卷烟	酒	纺织品	煤炭	原油	成品油	电力	化工产品	机械运输设备	钢坯钢材	有色金属
		收 入（亿元）											
2011	1-12	25860.83	4156.64	391.47	445.89	1977.87	906.21	3316.87	1598.40	886.64	3558.48	472.82	366.31
2012	1-3	7430.60	1493.20	125.80	110.81	509.90	264.96	1047.54	411.81	202.76	971.23	94.85	93.48
	1-6	14761.99	2539.96	235.89	253.57	1074.18	587.97	1879.09	873.78	447.02	2016.46	213.95	204.01
	1-9	21224.09	3721.03	352.06	357.31	1442.49	811.17	2699.59	1373.22	655.43	2880.30	297.20	280.05
	1-12	28546.23	4885.64	464.44	499.19	1870.59	1013.30	3554.11	1885.06	902.80	3859.38	414.53	406.94
2013	1	2337.01	325.62	39.46	37.41	111.40	50.98	317.34	149.83	76.69	376.54	26.39	29.52
	2	2934.81	1041.67	50.57	35.45	108.32	101.67	301.10	157.25	62.01	328.34	33.64	25.86
	3	2270.68	298.07	38.53	38.32	155.99	95.57	295.97	162.76	58.21	308.19	42.02	28.31
	4	2237.27	372.79	35.10	34.35	110.80	92.99	289.11	153.69	66.08	349.80	26.30	24.12
	5	2334.63	370.32	31.35	43.64	125.52	85.49	269.91	166.31	74.53	351.17	28.70	25.90
	6	2981.18	376.73	38.26	57.46	204.33	127.89	320.26	212.26	100.73	431.64	50.53	47.64
	7	2012.36	347.92	37.59	29.18	85.02	50.93	261.35	154.61	65.34	311.43	23.70	20.12
	8	2202.16	434.27	34.46	33.24	91.50	61.23	304.47	186.95	67.55	280.55	34.97	25.10
	9	2622.37	463.00	38.44	42.59	113.51	85.03	313.51	227.35	82.62	357.42	41.24	32.26
	10	2457.86	525.38	39.49	33.40	108.85	49.30	278.69	187.64	80.71	350.47	25.08	27.99
	11	2422.06	364.67	28.69	39.80	121.62	73.68	310.34	178.56	82.56	376.83	33.27	36.68
	12	2808.04	331.34	31.22	59.09	159.44	75.47	276.44	201.41	95.98	469.45	43.66	52.22
	1-3	7542.50	1665.36	128.56	111.18	375.71	248.22	914.41	469.83	196.91	1013.07	102.05	83.69
	1-6	15095.58	2785.20	233.27	246.63	816.36	554.60	1793.70	1002.10	438.25	2145.68	207.59	181.34
	1-9	21932.47	4030.39	343.76	351.64	1106.40	751.79	2673.03	1571.01	653.77	3095.07	307.50	258.82
	1-12	29620.43	5251.77	443.16	483.93	1496.31	950.24	3538.50	2138.62	913.01	4291.82	409.52	375.70
		比上年同期增长（%）											
2011	1-12	13.5	23.0	87.4	4.0	25.0	31.7	4.9	7.5	11.7	80.3	-1.7	25.6
2012	1-3	8.5	17.9	20.6	5.7	12.1	44.6	5.2	6.8	-4.9	0.4	-26.0	18.9
	1-6	9.9	16.6	18.2	15.0	9.5	27.1	0.5	9.7	-0.8	8.6	-20.6	12.2
	1-9	7.6	15.4	15.5	10.5	-1.2	13.0	0.3	13.8	-1.2	7.9	-22.3	1.1
	1-12	10.4	17.5	18.6	12.0	-5.4	11.8	7.2	17.9	1.8	8.5	-12.3	11.1
2013	1	-2.4	12.2	-2.9	6.7	-38.8	3.7	-15.0	15.4	1.6	2.2	5.9	-8.9
	2	9.0	17.2	15.4	-2.9	-20.4	4.8	-15.5	23.7	5.0	19.6	46.1	3.0
	3	-3.1	-5.1	-6.8	-2.4	-18.7	-19.5	-6.8	5.1	-14.6	-6.1	-10.4	-21.3
	4	1.6	3.1	4.9	-15.8	-34.7	2.3	0.0	14.9	-7.9	10.6	6.3	-11.8
	5	0.6	6.9	-9.4	-6.2	-27.3	-22.1	-1.4	13.2	-0.2	7.8	-27.6	-16.2
	6	6.2	11.2	-8.9	3.7	-7.9	4.6	19.1	17.1	3.0	7.1	-7.6	-8.9
	7	4.5	2.3	-7.7	4.1	-31.0	-24.5	9.7	3.9	4.6	11.5	11.2	-2.8
	8	7.4	6.4	-8.6	17.4	-20.1	-16.5	6.7	8.8	0.6	12.5	45.1	2.6
	9	5.4	7.0	1.9	-10.2	-13.0	3.2	5.6	27.2	4.8	6.6	9.0	4.5
	10	5.8	8.8	-5.4	-13.2	-7.5	-15.3	-4.6	11.5	2.2	20.4	-5.8	-11.0
	11	7.5	11.0	-21.1	-10.5	-9.4	24.7	4.3	10.5	5.8	32.9	-7.3	-8.3
	12	2.3	-6.2	-8.9	0.3	-9.5	-11.0	4.4	10.7	6.2	16.1	-20.4	-5.8
	1-3	1.5	11.5	2.2	0.3	-26.3	-6.3	-12.7	14.1	-2.9	4.3	7.6	-10.5
	1-6	2.3	9.7	-1.1	-2.7	-24.0	-5.7	-4.5	14.7	-2.0	6.4	-3.0	-11.1
	1-9	3.3	8.3	-2.4	-1.6	-23.3	-7.3	-1.0	14.4	-0.3	7.5	3.5	-7.6
	1-12	3.8	7.5	-4.6	-3.1	-20.0	-6.2	-0.4	13.5	1.1	11.2	-1.2	-7.7

劳务税收入情况

through Principal Industries

建材	服装皮革	电气器材	电信设备	商业增值税	营业税								年	月
						金融业	交通运输业	建筑业	租赁和商务服务业	电信业	住宿餐饮业	房地产业		
收入（亿元）														
849.38	578.46	762.54	742.33	5679	13679.84	2166.64	898.84	3123.58	1238.37	293.22	516.94	3590.41	2011	1-12
190.94	173.59	202.59	215.92	1559	3997.48	741.88	251.25	924.20	276.18	83.20	144.81	926.50	2012	1-3
427.78	367.65	438.01	482.36	2870	7814.36	1487.96	482.59	1756.38	514.60	164.45	281.13	1920.36		1-6
639.82	511.10	625.10	666.93	4116	11611.78	2210.36	716.72	2600.30	749.81	242.81	419.18	2899.49		1-9
892.43	717.93	877.85	916.72	5607	15751.29	2874.33	958.91	3705.56	1034.45	321.12	564.81	3922.39		1-12
74.88	55.28	78.89	74.76	623	2154.85	686.03	65.94	469.13	106.21	28.40	56.19	478.73	2013	1
60.78	59.80	66.66	72.27	563	1178.44	100.54	57.93	335.47	64.71	27.64	48.58	380.72		2
56.30	66.15	76.90	118.83	408	1237.72	70.29	61.48	297.55	71.97	29.14	41.99	482.00		3
57.08	54.41	65.43	85.57	463	1659.52	619.99	61.33	235.03	67.44	29.13	42.75	441.44		4
78.15	65.33	84.38	78.81	465	1165.46	59.56	66.19	308.19	72.40	28.59	41.28	424.30		5
116.97	76.92	100.82	124.04	540	1501.79	100.92	65.73	426.62	99.10	29.87	43.18	536.09		6
66.41	38.88	65.11	61.23	462	1669.15	623.63	68.17	286.75	75.27	28.92	42.69	381.11		7
72.82	48.20	60.46	58.81	429	1155.97	78.81	56.38	309.47	73.28	28.91	45.02	398.43		8
87.78	63.06	86.80	89.59	472	1154.40	70.54	27.30	351.00	66.70	29.59	46.59	414.64		9
85.77	54.94	72.13	70.63	551	1641.89	627.73	23.39	368.47	81.64	29.22	44.04	372.58		10
97.85	63.32	82.54	87.79	498	1192.34	73.36	22.85	369.62	83.45	28.36	45.61	392.06		11
106.73	80.73	112.85	122.58	591	1526.40	60.20	26.81	557.93	99.68	27.49	44.96	477.87		12
191.96	181.22	222.45	265.87	1594	4571.00	856.85	185.35	1102.16	242.89	85.18	146.76	1341.45		1-3
444.16	377.90	473.08	554.29	3062	8897.78	1637.32	378.60	2072.00	481.83	172.77	273.97	2743.28		1-6
671.18	528.03	685.44	763.92	4425	12877.30	2410.30	530.45	3019.21	697.08	260.18	408.26	3937.46		1-9
961.53	727.02	952.96	1044.92	6065	17237.93	3171.60	603.51	4315.24	961.85	345.25	542.87	5179.97		1-12
比上年同期增长（%）														
25.3	16.9	5.0	-5.1	16.0	22.6	28.4	20.4	25.3	31.2	11.8	22.2		2011	1-12
6.2	18.3	5.5	-5.7	-2.7	7.8	39.2	13.8	15.3	-14.6	12.8	13.0	-17.5	2012	1-3
2.2	28.0	13.4	13.6	-2.8	9.8	37.2	9.4	15.0	-15.3	10.2	12.0	-9.2		1-6
1.0	23.7	11.9	15.7	-3.6	12.2	34.8	7.7	16.8	-16.8	8.3	10.1	-1.2		1-9
5.1	24.1	15.1	23.5	-1.3	15.1	32.7	6.7	18.6	-16.5	9.5	9.3	9.2		1-12
-3.8	6.6	9.2	18.2	3.6	8.8	17.5	-36.9	9.8	-20.0	6.5	3.9	39.8	2013	1
14.3	0.2	3.6	-5.2	2.1	25.1	21.8	-19.1	48.2	-4.4	-4.3	1.0	52.5		2
-6.0	6.6	16.5	55.5	0.4	15.1	-7.1	-18.2	9.9	-4.9	5.4	-1.5	44.2		3
-2.9	-1.2	7.5	23.0	11.1	15.1	5.5	-16.2	16.7	-3.8	12.3	-4.4	63.5		4
5.9	0.0	11.8	18.2	10.9	14.6	-15.0	-15.1	17.9	-1.4	7.2	-6.7	45.0		5
12.3	4.5	1.8	-4.7	13.7	10.6	14.4	-18.0	15.5	4.4	4.3	-8.8	24.3		6
5.2	4.3	14.8	39.4	7.9	10.0	9.3	-8.6	16.3	5.0	17.7	-2.5	25.4		7
10.6	18.0	16.4	32.4	10.5	6.4	6.9	-27.2	15.3	2.6	9.0	-4.2	19.8		8
5.7	-3.4	10.7	-6.9	9.8	-3.3	-9.5	-66.7	6.7	-27.6	8.5	-1.4	20.9		9
16.3	-0.2	6.7	12.3	7.0	6.4	15.6	-70.9	31.1	-3.6	4.4	-8.4	20.8		10
14.1	-6.6	11.1	11.9	10.8	4.7	29.8	-71.8	8.1	-8.8	15.2	-3.3	27.0		11
14.7	-3.9	1.8	13.0	12.4	4.7	-6.7	-66.9	15.7	-8.1	7.0	-10.7	17.8		12
0.5	4.4	9.8	23.1	2.2	14.3	15.5	-26.2	19.3	-12.1	2.4	1.3	44.8		1-3
3.8	2.8	8.0	14.9	6.7	13.9	10.0	-21.5	18.0	-6.4	5.1	-2.5	42.9		1-6
4.9	3.3	9.7	14.5	7.5	10.9	9.0	-26.0	16.1	-7.0	7.2	-2.6	35.8		1-9
7.7	1.3	8.6	14.0	8.2	9.4	10.3	-37.1	16.5	-7.0	7.5	-3.9	32.1		1-12

重点行业所得税收入情况

Income Tax Revenue through Principal Industries

年	月	企业所得税										个人所得税			年	月
			工业	商业	金融业	交通运输业	建筑业	电信业	住宿餐饮业	租赁及商务服务业	房地产业		利息、股息、红利所得	工资薪金		
		收 入（亿元）														
2011	1-12	19602.72	7160.26	2496.21	3977.43	562.17	904.95	442.62	88.78	844.85	2203.46	6054.05	660.35	3889.81	2011	1-12
2012	1-3	5140.00	2044.00	672.98	869.67	155.98	280.28	111.36	25.70	213.38	465.94	1905.90	245.88	1274.47	2012	1-3
	1-6	14342.08	4616.95	1614.63	3997.08	362.94	636.35	335.12	59.38	568.77	1476.97	3271.04	454.69	2067.29		1-6
	1-9	18186.96	5886.75	2060.83	4859.51	474.76	859.74	456.22	79.94	750.37	1883.79	4588.04	635.61	2835.66		1-9
	1-12	22007.61	7349.12	2496.18	5490.79	586.89	1134.48	582.54	104.46	906.83	2277.73	5820.36	757.43	3577.15		1-12
2013	1	3677.97	1387.98	490.03	615.92	88.26	202.75	50.09	19.13	181.97	413.53	757.55	97.04	476.97	2013	1
	2	643.51	169.99	72.02	171.41	19.58	67.16	11.82	2.82	32.62	65.55	593.79	51.25	419.88		2
	3	957.83	343.83	87.95	216.86	35.43	66.63	24.12	2.91	34.10	114.34	728.74	63.07	514.18		3
	4	3022.18	1175.96	424.54	651.04	68.39	104.15	96.09	12.18	105.72	255.74	494.53	50.24	315.53		4
	5	4459.60	726.35	306.21	2288.04	56.91	163.13	34.35	9.28	187.36	544.44	503.28	64.00	307.08		5
	6	2241.12	679.05	225.98	423.35	46.25	129.74	54.53	4.41	106.23	489.51	547.16	87.87	297.58		6
	7	3124.27	1117.05	398.00	709.58	78.00	121.68	99.10	12.55	123.66	310.76	496.94	69.26	294.53		7
	8	636.48	169.21	45.40	150.67	21.68	71.62	16.39	2.28	29.70	99.16	482.09	58.58	288.85		8
	9	736.67	162.02	62.56	166.97	14.43	76.14	101.03	3.04	27.75	93.88	461.52	48.51	290.29		9
	10	3126.61	1188.08	383.91	609.74	81.20	130.72	167.70	14.69	116.68	284.57	451.85	41.70	287.05		10
	11	600.22	182.29	55.64	129.59	11.85	73.72	14.59	2.43	24.68	81.69	459.47	36.99	283.96		11
	12	653.31	120.64	73.58	142.81	17.94	113.97	6.94	2.40	37.27	97.25	554.13	57.91	315.71		12
	1-3	5279.31	1901.81	650.00	1004.20	143.27	336.54	86.02	24.85	248.69	593.42	2080.08	211.36	1411.03		1-3
	1-6	15002.2	4483.2	1606.7	4366.6	314.8	733.6	271.0	50.7	648.0	1883.1	3625.1	413.5	2331.2		1-6
	1-9	19499.6	5931.4	2112.7	5393.9	428.9	1003.0	487.5	68.6	829.1	2386.9	5065.6	589.8	3204.9		1-9
	1-12	23879.8	7422.5	2625.8	6276.0	539.9	1321.4	676.7	88.1	1007.8	2850.4	6531.1	726.4	4091.6		1-12
		比上年同期增长（%）														
2011	1-12	34.7	38.5	39.2	32.5	34.8	37.1	16.9	22.4	54.9	21.7	25.1		23.6	2011	1-12
2012	1-3	15.6	16.9	13.7	27.3	9.4	21.5	46.0	25.6	0.8	-7.1	-6.3	10.9	-8.5	2012	1-3
	1-6	16.0	8.1	6.3	45.7	5.7	22.1	35.3	22.1	3.1	-4.1	-7.9	12.0	-11.8		1-6
	1-9	11.7	1.0	1.3	41.4	5.7	21.4	27.5	17.3	4.9	-2.3	-8.2	14.9	-13.1		1-9
	1-12	12.3	2.6	0.0	38.0	4.4	25.4	31.6	17.7	7.3	3.4	-3.9	14.7	-8.0		1-12
2013	1	4.3	-5.1	-0.5	22.6	-20.5	17.2	-27.6	-11.1	16.3	33.6	13.6	44.4	7.0	2013	1
	2	-2.2	-16.2	-17.8	6.4	12.4	46.3	-56.0	49.8	15.7	18.8	-19.4	-52.9	-20.1		2
	3	0.3	-9.0	-5.5	5.2	28.6	8.6	57.4	26.9	18.9	13.0	45.0	-9.7	69.6		3
	4	1.5	-5.3	-1.7	7.1	-10.9	9.0	-7.8	-25.5	13.8	38.2	13.8	-2.8	14.8		4
	5	5.2	-9.6	-2.2	10.6	-26.2	12.4	9.8	-27.1	4.7	21.5	14.5	-4.9	16.4		5
	6	12.9	28.6	15.0	-6.1	-12.8	12.5	-38.2	-4.1	27.1	29.6	11.4	-2.2	17.0		6
	7	9.5	3.7	12.5	13.6	6.7	16.4	4.6	-15.6	-6.0	27.1	5.7	-1.0	13.4		7
	8	22.6	9.4	25.9	35.9	21.8	37.6	105.1	-14.5	26.5	30.7	15.0	-3.0	12.9		8
	9	56.0	328.4	10.7	31.5	-30.9	14.1	450.1	0.6	4.6	8.6	7.9	-4.1	14.8		9
	10	16.7	12.6	7.9	24.3	4.1	20.5	91.4	-19.2	13.5	19.6	17.0	23.3	15.6		10
	11	13.4	13.2	97.6	-10.1	-34.9	17.9	-562.3	-8.5	4.3	23.9	16.7	2.4	20.3		11
	12	6.6	-51.0	43.2	-4468.5	12.8	9.9	-83.4	-34.8	24.4	7.9	22.5	11.6	22.8		12
	1-3	2.7	-7.0	-3.4	15.5	-8.2	20.1	-22.8	-3.3	16.5	27.4	9.1	-14.0	10.7		1-3
	1-6	4.6	-2.9	-0.5	9.2	-13.3	15.3	-19.1	-14.6	13.9	27.5	10.8	-9.1	12.8		1-6
	1-9	7.2	0.8	2.5	11.0	-9.7	16.7	6.9	-14.2	10.5	26.7	10.4	-7.2	13.0		1-9
	1-12	8.5	1.0	5.2	14.3	-8.0	16.5	16.2	-15.7	11.1	25.1	12.2	-4.1	14.4		1-12

税收收入分级次分国税局地税局情况

Tax Revenue by Budgetary Levels set by the National and Local Taxation Department

年	月	中央级	地方级	国税局	地税局
		收　入（亿元）			
2011	1–12	58472.60	41092.08	62461.74	37102.94
2012	1–3	16671.31	11880.76	17552.58	10999.49
	1–6	35332.24	24662.42	37645.00	22349.66
	1–9	48971.11	35223.43	52370.00	31824.54
	1–12	63632.67	47107.38	68571.49	42168.56
2013	1	6580.49	6019.39	7254.52	5345.36
	2	4774.06	3375.71	5060.18	3089.59
	3	4571.20	4098.59	4733.49	3936.30
	4	5867.07	5023.96	6599.92	4291.11
	5	7665.77	4285.21	8070.43	3880.55
	6	5917.18	5255.77	6461.37	4711.58
	7	5866.71	4869.39	6564.47	4171.64
	8	4279.78	3286.01	4544.15	3021.64
	9	4783.09	3753.70	5238.10	3298.69
	10	6234.29	5138.53	7163.17	4209.65
	11	4596.85	3750.51	5081.69	3265.67
	12	5288.16	4661.57	5873.37	4076.37
	1–3	15925.74	13493.70	17048.19	12371.25
	1–6	35375.77	28058.64	38179.91	25254.49
	1–9	50305.34	39967.73	54526.63	35746.45
	1–12	66424.65	53518.35	72644.86	47298.13
		比上年同期增长（%）			
2011	1–12	22.0	25.2	21.3	26.9
2012	1–3	9.0	9.9	9.5	9.2
	1–6	9.3	11.0	10.2	9.7
	1–9	6.0	11.5	7.0	10.2
	1–12	8.8	14.6	9.8	13.7
2013	1	–5.4	12.7	–4.1	13.0
	2	–4.9	13.9	–0.7	7.0
	3	–2.7	14.6	–3.3	16.4
	4	2.4	15.0	3.6	15.1
	5	3.6	12.8	4.2	12.4
	6	7.0	13.9	8.1	13.0
	7	7.5	14.1	8.4	13.7
	8	7.4	13.8	9.4	11.2
	9	13.9	10.2	16.0	6.8
	10	13.2	14.7	15.3	11.6
	11	9.6	16.7	11.9	13.9
	12	6.6	11.2	7.8	10.0
	1–3	–4.5	13.6	–2.9	12.5
	1–6	0.1	13.8	1.4	13.0
	1–9	2.7	13.5	4.1	12.3
	1–12	4.4	13.6	5.9	12.2

注：表中“国税局”税收收入含海关代征进口税收。

东、中、西部税收收入情况

Regional Tax Revenues (East, Central and West Regions)

年	月	税收收入	东 部	中 部	西 部
		收 入（亿元）			
2011	1-12	99564.68	67195.36	16204.51	16164.81
2012	1-3	28552.07	19043.05	5014.42	4494.59
	1-6	59994.66	40358.86	10098.30	9537.50
	1-9	84194.54	56478.09	14175.90	13540.55
	1-12	110740.04	73750.94	18432.22	18556.88
2013	1	12599.88	8570.46	2108.95	1920.47
	2	8149.77	5202.31	1544.32	1403.13
	3	8669.79	5509.25	1719.71	1440.83
	4	10891.03	7388.25	1752.81	1749.97
	5	11950.99	8621.47	1677.50	1652.01
	6	11172.95	6945.77	2108.33	2118.86
	7	10736.10	7436.12	1598.59	1701.39
	8	7565.78	5000.00	1314.60	1251.19
	9	8536.79	5602.45	1535.76	1398.57
	10	11372.82	7716.68	1768.34	1887.80
	11	8347.36	5351.27	1390.52	1605.57
	12	9949.74	6013.39	1800.11	2136.23
	1-3	29419.44	19282.02	5372.98	4764.44
	1-6	63434.41	42237.51	10911.62	10285.28
	1-9	90273.08	60276.08	15360.57	14636.44
	1-12	119942.99	79357.42	20319.54	20266.03
		比上年同期增长（%）			
2011	1-12	23.3	21.2	27.3	28.6
2012	1-3	9.4	6.9	16.7	12.7
	1-6	10.0	8.3	13.9	13.4
	1-9	8.2	7.0	11.1	10.5
	1-12	11.2	9.8	13.7	14.8
2013	1	2.5	0.4	8.1	6.2
	2	2.1	-0.5	7.5	6.3
	3	4.8	4.3	5.7	5.4
	4	7.9	8.9	6.2	5.3
	5	6.7	7.0	5.1	7.0
	6	10.1	7.3	14.8	15.4
	7	10.4	11.3	6.8	10.3
	8	10.1	10.9	8.1	9.1
	9	12.2	13.7	12.5	6.5
	10	13.9	13.1	21.9	10.2
	11	12.7	11.7	16.1	12.9
	12	8.7	6.2	11.9	13.5
	1-3	3.0	1.3	7.2	6.0
	1-6	5.7	4.7	8.1	7.8
	1-9	7.2	6.7	8.4	8.1
	1-12	8.3	7.6	10.2	9.2

注：1. 表中“东部”地区包括北京、天津、河北、辽宁、上海、江苏、浙江、福建、山东、广东和海南。

2. 表中“中部”地区包括山西、吉林、黑龙江、安徽、江西、河南、湖北和湖南。

3. 表中“西部”地区包括内蒙古、广西、四川、重庆、贵州、云南、西藏、陕西、甘肃、青海、宁夏和新疆。

2013年分地区国税局地税局税收收入情况

Tax Revenue Collected by National and Local Taxation Offices of Each Region in 2013

地　区	税收收入（亿元）		国税局税收收入		地税局税收收入	
		增长（%）	（亿元）	增长（%）	（亿元）	增长（%）
全　国	119942.99	8.3	72644.86	5.9	47298.13	12.2
北　京	10366.22	14.6	7470.88	17.8	2895.34	7.1
天　津	4024.19	6.7	2957.06	4.0	1067.14	14.8
河　北	3611.54	4.2	2076.36	0.4	1535.18	9.7
山　西	2266.80	–2.2	1201.80	–11.6	1065.00	11.3
内蒙古	2282.69	2.7	1187.77	–1.5	1094.92	7.9
辽　宁	3337.66	3.9	1649.90	1.6	1687.76	6.2
大　连	1636.73	2.0	994.80	–4.8	641.93	14.6
吉　林	1883.15	10.8	1145.69	10.5	737.45	11.4
黑龙江	2219.11	5.6	1393.26	4.1	825.85	8.3
上　海	10922.01	4.9	7888.38	4.0	3033.64	7.6
江　苏	10996.80	8.1	6311.05	4.7	4685.75	13.2
浙　江	5758.08	6.6	3316.15	7.9	2441.93	4.9
宁　波	2331.22	3.5	1706.13	3.0	625.09	4.9
安　徽	2778.30	10.7	1423.04	6.6	1355.26	15.2
福　建	2666.87	14.6	1489.27	9.7	1177.61	21.3
厦　门	980.45	11.4	616.74	9.7	363.71	14.4
江　西	1999.87	14.4	912.22	9.4	1087.64	18.9
山　东	5994.40	8.1	3497.07	5.0	2497.33	12.9
青　岛	1864.41	4.2	1332.69	0.5	531.72	14.9
河　南	3276.77	14.1	1691.79	8.8	1584.99	20.3
湖　北	3181.44	14.0	1771.62	9.5	1409.83	20.2
湖　南	2714.11	13.5	1559.44	12.4	1154.67	14.9
广　东	10133.22	7.4	6511.25	5.0	3621.97	11.9
深　圳	3978.22	6.8	2515.50	8.4	1462.72	4.1
广　西	1827.01	7.2	1018.60	2.1	808.40	14.4
海　南	755.39	5.5	355.31	–6.0	400.08	18.4
重　庆	1937.66	15.4	912.96	16.5	1024.71	14.4
四　川	3745.86	12.4	1746.48	9.0	1999.38	15.6
贵　州	1553.15	18.2	736.30	12.8	816.85	23.6
云　南	2660.51	10.2	1573.38	7.1	1087.12	15.1
西　藏	145.20	–4.1	145.20	–4.1		
陕　西	2594.91	5.3	1518.55	1.6	1076.36	11.1
甘　肃	944.80	4.8	562.41	–3.3	382.39	19.7
青　海	343.44	13.5	190.97	6.5	152.46	23.7
宁　夏	457.24	12.5	263.58	11.9	193.66	13.3
新　疆	1773.56	6.4	1001.27	–1.0	772.30	17.8

2013年分地区

Revenue of Major Taxes

地　区	国内增值税（亿元）	增长（%）	国内消费税（亿元）	增长（%）	营业税（亿元）	增长（%）
全　国	28933.27	9.0	8293.99	4.8	17237.93	9.4
北　京	1456.34	32.9	197.80	13.3	1236.03	-8.0
天　津	764.53	25.1	163.21	2.5	423.02	5.5
河　北	984.07	-3.4	205.77	-5.7	599.71	12.4
山　西	841.57	-13.7	43.47	0.3	372.95	13.9
内蒙古	730.59	-0.3	99.32	57.9	345.24	8.0
辽　宁	736.10	8.9	342.08	-8.1	464.84	6.8
大　连	241.56	-0.9	136.04	-15.1	186.98	7.1
吉　林	465.91	12.1	295.83	17.3	242.53	11.2
黑龙江	603.54	0.5	179.63	-7.4	263.88	8.1
上　海	2386.21	12.8	704.37	11.2	962.21	7.2
江　苏	3051.44	9.1	507.15	11.9	1869.73	12.7
浙　江	1725.69	10.9	178.16	-4.9	878.42	1.2
宁　波	558.74	10.2	217.62	2.9	188.73	-3.3
安　徽	733.73	6.7	233.17	4.9	496.67	10.0
福　建	616.27	8.1	141.23	2.8	422.86	14.8
厦　门	214.53	13.5	51.31	4.1	127.22	4.6
江　西	511.49	16.7	125.66	2.3	418.44	15.1
山　东	1588.10	4.3	273.97	12.2	864.33	19.3
青　岛	305.64	12.7	160.31	-2.3	198.24	15.2
河　南	779.86	2.1	277.01	-5.8	571.86	18.5
湖　北	769.49	17.7	424.52	3.2	521.61	10.4
湖　南	684.20	9.6	491.52	12.8	444.35	14.6
广　东	2799.99	14.7	574.28	6.0	1209.29	6.5
深　圳	864.91	16.2	39.46	1.5	423.22	0.5
广　西	383.20	9.1	213.67	3.0	300.83	14.7
海　南	108.04	14.7	70.79	-24.0	158.93	20.0
重　庆	399.93	15.6	124.75	21.6	422.59	14.8
四　川	872.89	5.6	256.94	14.0	808.38	11.4
贵　州	369.09	7.4	192.40	16.4	297.63	23.2
云　南	603.46	1.3	641.33	10.0	417.20	22.5
西　藏	38.88	26.5	1.40	19.8	28.05	35.2
陕　西	795.95	0.9	294.44	-2.7	423.38	7.8
甘　肃	249.78	-4.6	194.20	-5.4	171.44	25.4
青　海	120.12	1.0	18.43	3.8	69.61	17.6
宁　夏	126.36	14.4	51.39	16.6	104.73	13.2
新　疆	451.05	8.3	171.36	-7.1	302.81	16.8

主要税种收入情况

of Each Region in 2013

企业所得税（亿元）	增长（%）	内资企业（亿元）	增长（%）	外资企业（亿元）	增长（%）	个人所得税（亿元）	增长（%）	海关代征进口税收（亿元）	增长（%）
23879.76	8.5	18203.31	9.6	5676.45	5.3	6531.05	12.2	14042.10	−5.6
5282.46	18.1	4620.75	20.7	661.71	2.7	834.78	18.4	457.12	−8.3
739.80	6.3	340.69	11.8	399.11	2.1	145.77	17.6	1309.22	−5.7
568.09	1.5	506.44	2.1	61.65	−3.2	136.49	8.8	397.13	1.9
484.79	−8.3	447.33	−8.2	37.46	−10.2	122.18	13.4	43.69	1.4
383.59	−13.7	362.77	−12.9	20.83	−25.7	112.43	−5.5	82.33	−15.1
425.96	2.0	303.44	−1.7	122.52	12.7	103.14	3.7	210.11	−5.5
190.01	4.5	128.56	4.4	61.46	4.7	57.24	8.4	465.80	−4.6
329.66	4.4	176.75	−5.2	152.90	18.2	70.15	4.4	91.97	4.5
532.73	18.8	506.84	20.2	25.88	−3.7	89.07	25.5	145.37	−14.6
2206.99	4.3	1161.72	2.3	1045.27	6.6	888.05	11.7	2678.82	−7.1
1857.09	3.7	1217.55	2.7	639.55	5.6	662.19	18.1	1168.66	−7.9
1058.27	4.9	865.34	5.4	192.93	2.5	384.91	7.8	514.16	0.2
304.37	12.3	235.75	12.6	68.61	11.4	99.70	10.5	693.73	−6.1
465.48	3.0	400.03	3.0	65.45	3.0	108.60	21.0	97.38	15.0
562.18	18.0	435.57	23.9	126.61	1.6	146.31	14.5	265.04	2.2
174.28	2.8	96.74	−1.0	77.55	8.0	49.61	15.9	202.79	10.7
332.69	10.8	279.61	11.7	53.08	6.6	71.93	8.5	39.75	−28.3
888.02	−1.7	695.14	−0.8	192.89	−5.0	199.33	9.6	867.82	3.0
216.44	15.7	160.17	13.7	56.27	21.7	62.15	11.2	694.30	−6.7
563.41	13.6	473.56	12.9	89.84	17.9	119.08	15.0	127.74	77.8
554.76	8.7	427.29	15.6	127.47	−9.6	144.34	18.9	101.87	−6.9
344.40	14.5	288.34	14.7	56.06	13.6	127.29	8.9	52.42	4.1
1693.60	10.6	974.66	12.0	718.94	8.6	523.88	14.1	1751.27	−10.2
794.50	3.7	508.92	−1.6	285.58	14.9	346.16	−0.5	839.50	−7.1
229.14	10.0	192.62	12.1	36.52	0.0	69.36	14.7	221.97	−14.8
137.62	20.4	111.64	27.6	25.97	−2.9	29.20	54.0	79.34	−22.5
336.00	14.3	249.98	15.3	86.01	11.4	93.80	13.7	93.98	21.3
654.94	9.1	573.11	10.3	81.84	0.9	220.24	20.0	97.86	12.3
250.06	20.2	242.57	20.2	7.49	23.3	86.62	7.3	6.66	27.6
350.73	8.5	321.30	9.5	29.43	−1.1	101.90	9.9	24.78	46.2
34.26	21.6	31.53	17.3	2.72	112.3	28.71	−51.8	0.77	43.5
441.31	0.7	399.40	0.2	41.92	5.5	121.90	16.0	28.31	−13.9
96.43	8.8	87.74	11.0	8.69	−9.1	36.54	8.0	36.46	−14.7
60.18	33.4	56.94	38.6	3.24	−19.5	11.79	32.6	1.93	28.7
65.97	3.6	63.62	4.4	2.35	−15.4	18.47	10.7	4.65	−17.7
269.56	8.1	258.89	9.7	10.68	−20.3	107.74	20.1	147.44	−25.2

近年各月份税收收入

Monthly Tax Revenues in Current Years

单位：亿元

月份 \ 年度	2010	2011	2012	2013
1	8215.44	11611.63	12294.16	12599.88
2	5551.92	7108.91	7984.41	8149.77
3	5870.15	7381.08	8273.50	8669.79
4	7676.65	9700.91	10097.50	10891.03
5	7477.60	9648.29	11199.16	11950.99
6	7167.63	9094.64	10145.94	11172.95
7	7649.63	9364.73	9723.04	10736.10
8	5573.12	6820.71	6870.83	7565.78
9	5875.25	7057.33	7606.01	8536.79
10	7753.77	8926.49	9984.40	11372.82
11	5946.87	6266.72	7408.73	8347.36
12	5984.97	6583.25	9152.38	9949.74

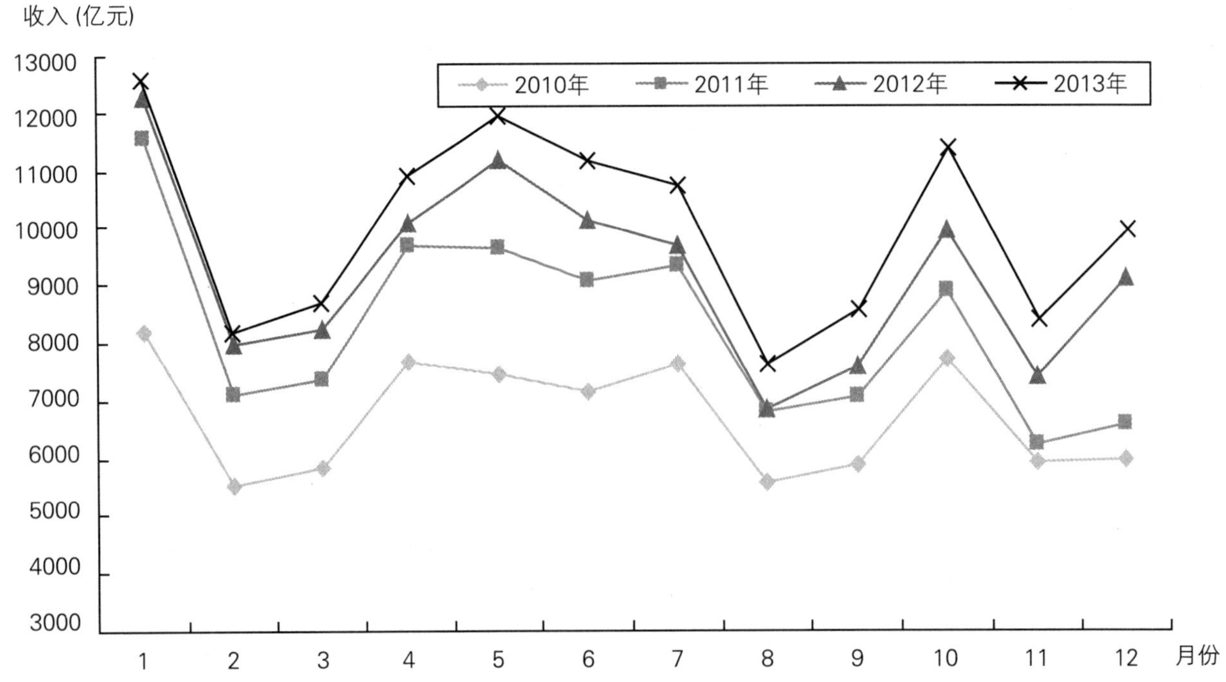

近年各月份税收收入增幅

Monthly Increased Rates of Tax Revenue in Current Years

单位：%

年度 / 月份	2010	2011	2012	2013
1	34.15	41.34	5.88	2.49
2	35.45	28.04	12.32	2.07
3	34.93	25.74	12.09	4.79
4	31.95	26.37	4.09	7.86
5	22.94	29.03	16.07	6.71
6	18.63	26.88	11.56	10.12
7	21.11	22.42	3.83	10.42
8	9.32	22.39	0.73	10.11
9	12.74	20.12	7.77	12.24
10	18.81	15.12	11.85	13.91
11	23.18	5.38	18.22	12.67
12	20.28	10.00	39.03	8.71

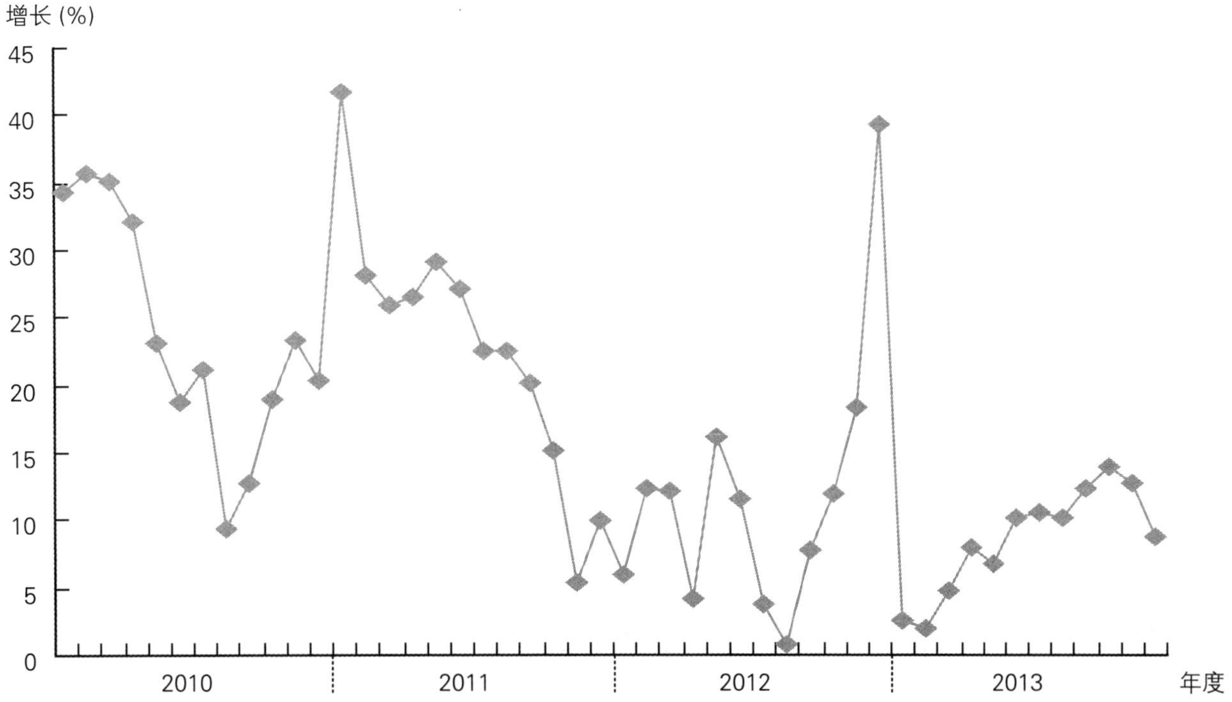

近年各月份国内增值税收入

Monthly Domestic Value-Added Tax Revenue in Current Years

单位：亿元

月份 \ 年度	2010	2011	2012	2013
1	1806.47	2331.17	2295.97	2422.81
2	1765.76	2112.99	2173.30	2411.00
3	1646.75	1926.56	2151.98	2173.31
4	1603.42	1860.74	2009.96	2156.20
5	1737.47	1982.00	2151.83	2257.75
6	2088.83	2405.82	2707.07	2959.92
7	1570.86	1791.24	1768.49	1962.58
8	1698.40	1975.10	1800.24	2048.86
9	1799.88	2087.65	2274.15	2524.18
10	1872.68	2011.15	2185.68	2441.42
11	1895.11	1889.38	2217.42	2511.61
12	2123.04	2177.63	2797.05	3063.63

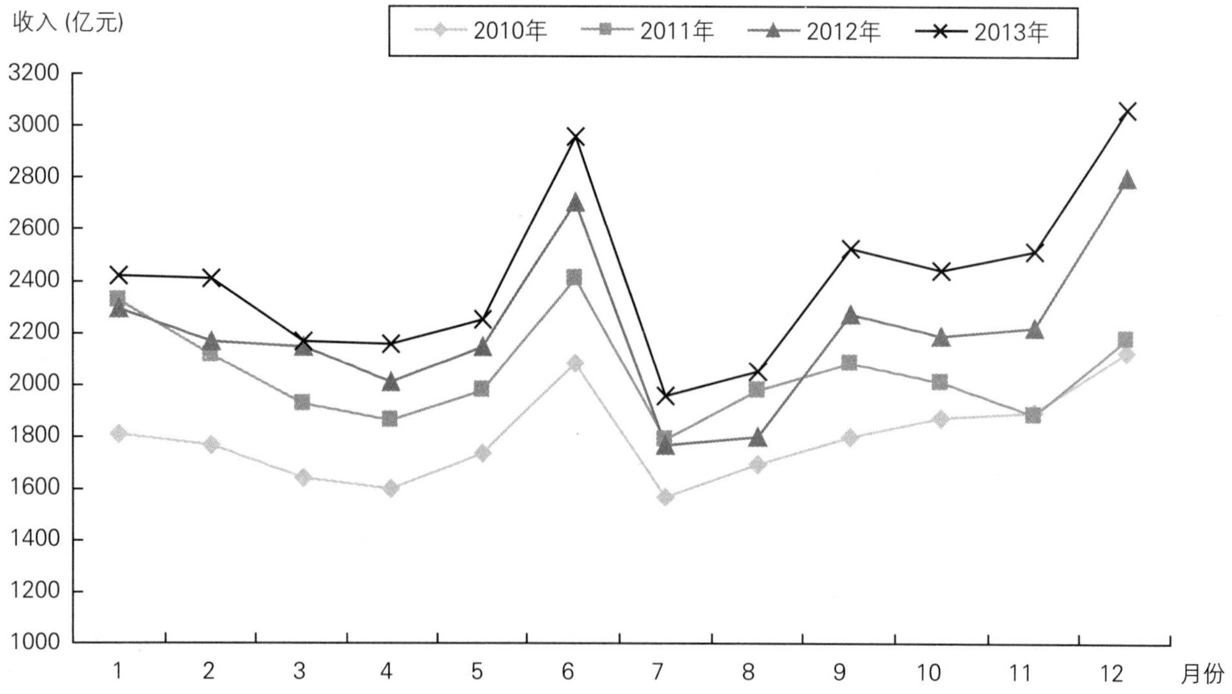

近年各月份国内增值税收入增幅

Monthly Increased Rates of Domestic Value-Added Tax Revenue in Current Years

单位：%

月份 \ 年度	2010	2011	2012	2013
1	6.89	29.05	−1.51	5.52
2	19.67	19.66	2.85	10.94
3	15.48	16.99	11.70	0.99
4	13.75	16.05	8.02	7.28
5	19.13	14.07	8.57	4.92
6	13.62	15.18	12.52	9.34
7	10.79	14.03	−1.27	10.97
8	13.86	16.29	−8.85	13.81
9	8.69	15.99	8.93	10.99
10	17.36	7.39	8.68	11.70
11	17.51	−0.30	17.36	13.27
12	21.46	2.57	28.44	9.53

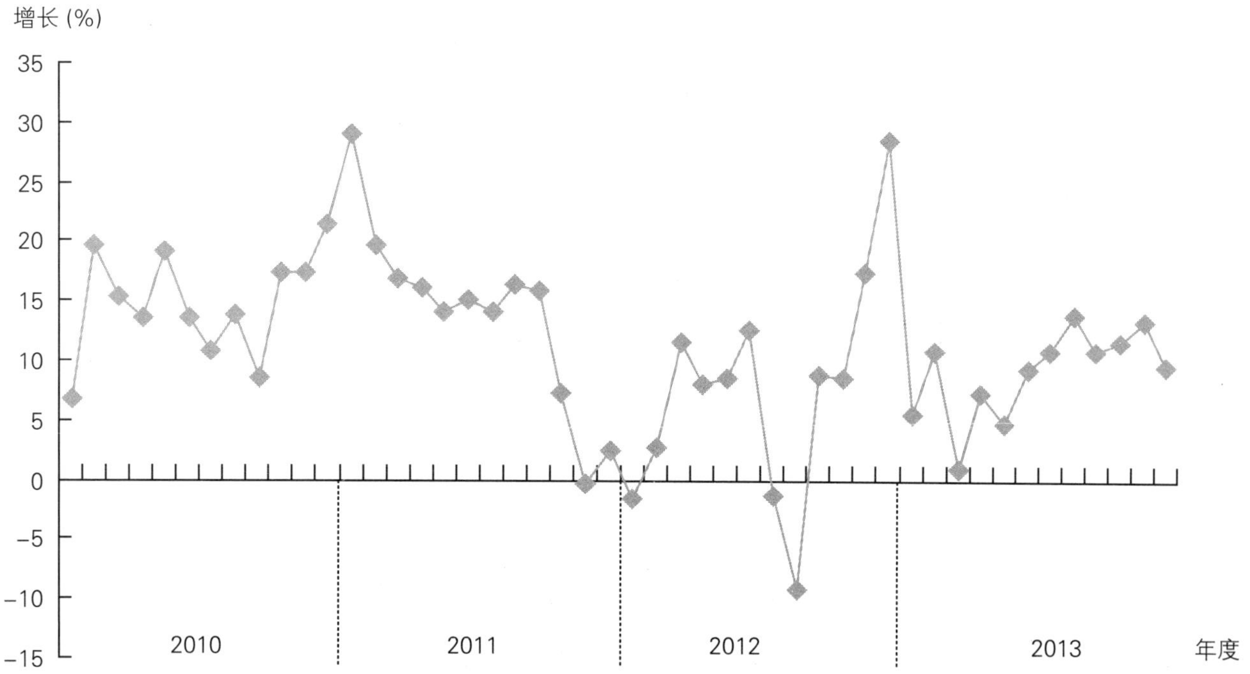

近年各季度税收收入

Quarterly Tax Revenue in Current Years

单位：亿元

季度＼年度	2010	2011	2012	2013
一	19637.51	26101.62	28552.07	29419.44
二	22321.87	28443.84	31442.59	34014.97
三	19098.00	23242.76	24199.88	26838.67
四	19685.61	21776.46	26545.51	29669.91

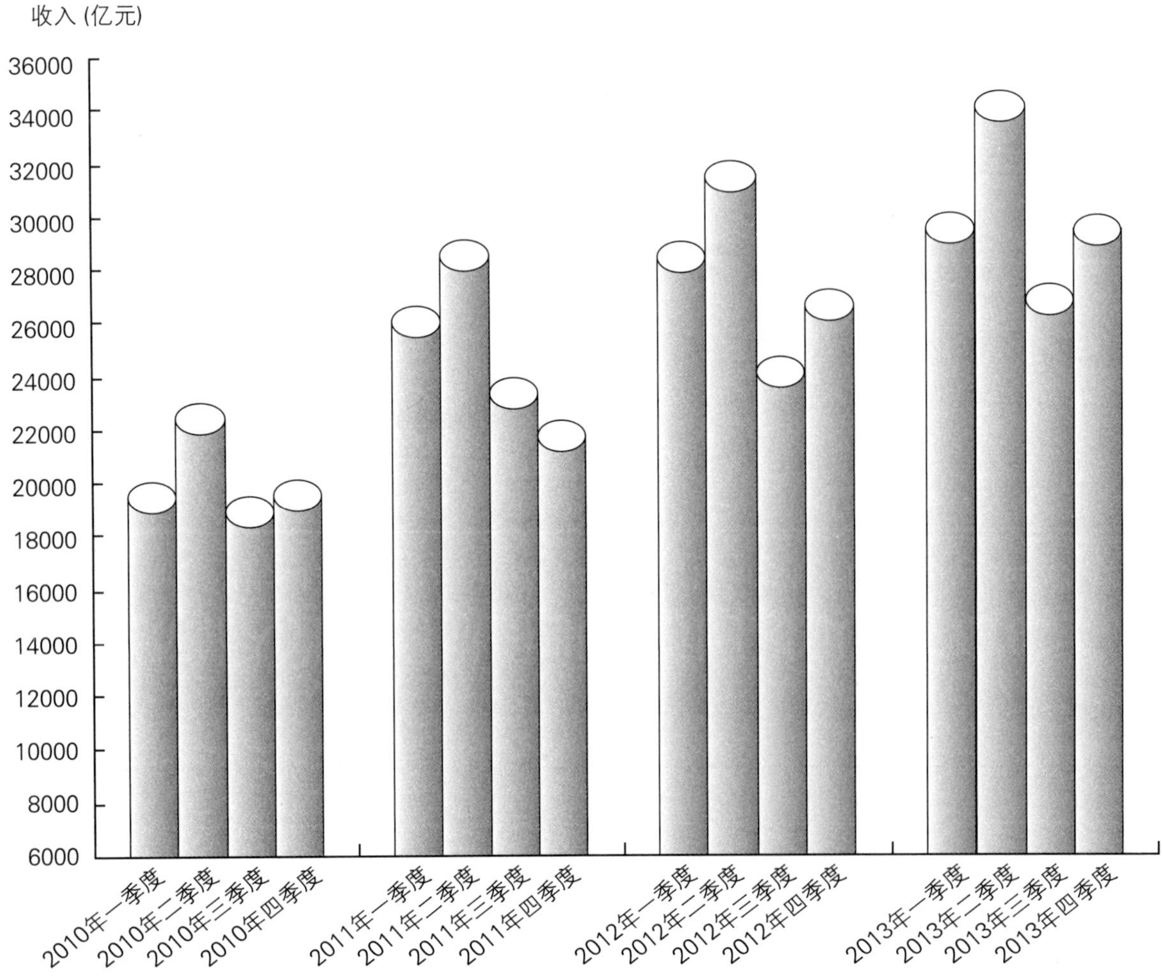

近年各季度国内增值税收入

Quarterly Domestic Value-Added Tax Revenue in Current Years

单位：亿元

季度＼年度	2010	2011	2012	2013
一	5218.98	6370.72	6621.25	7007.12
二	5429.71	6248.56	6868.86	7373.87
三	5069.14	5853.99	5842.88	6535.62
四	5890.83	6078.15	7200.15	8016.66

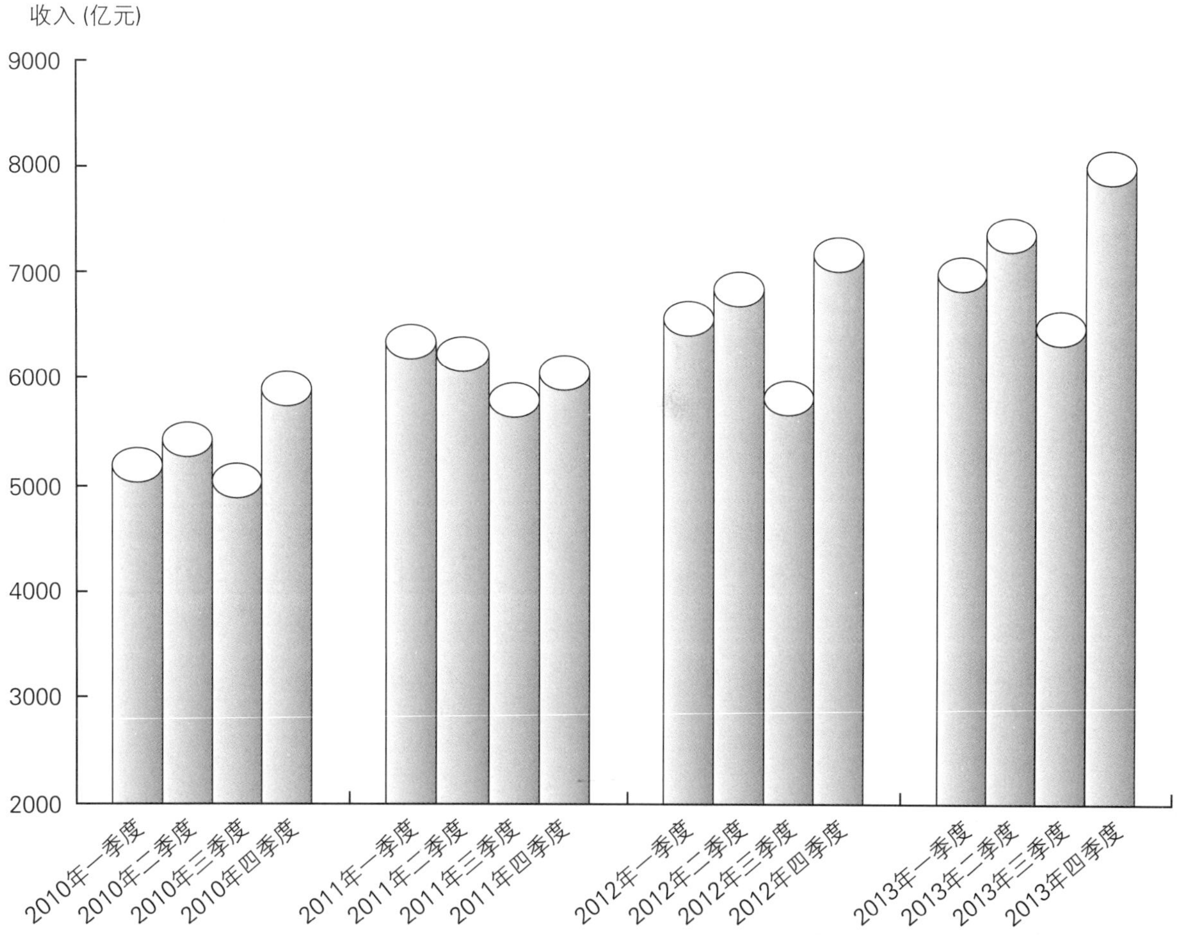

近年中央级、地方级税收收入增幅

Increase Rates of Tax Revenue Levels of the Central and Local Budgetary in Current Years

单位：%

年度 中央/地方	2012	2013
中央级	8.8	4.4
地方级	14.6	13.6

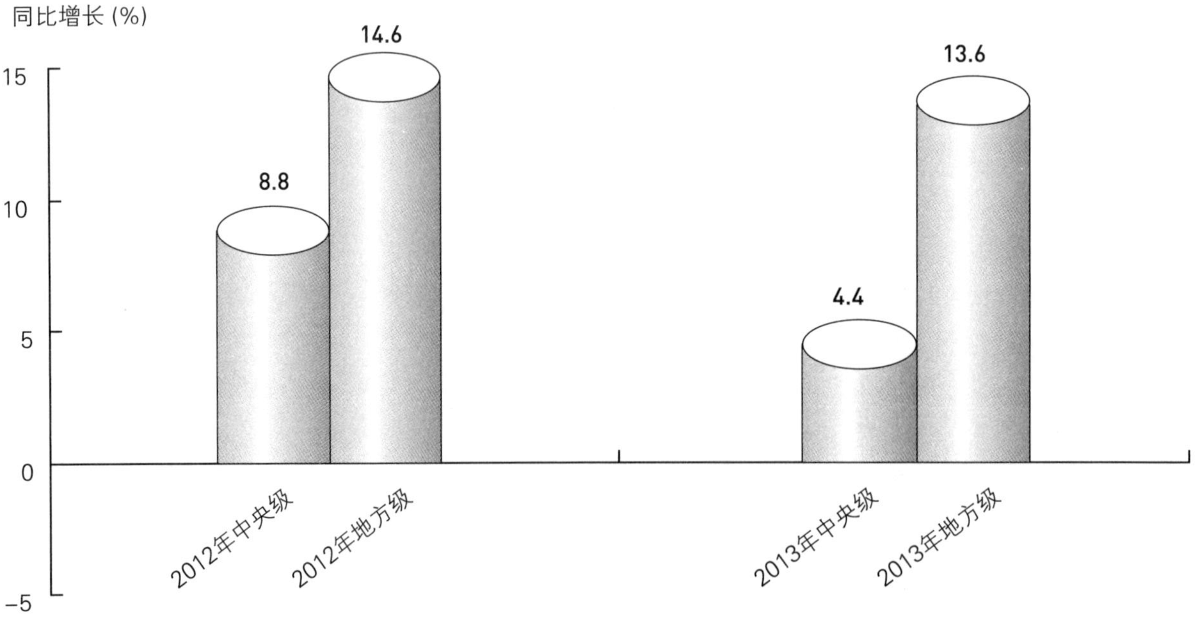

近年东、中、西部税收收入增幅

Increase Rate of Tax Revenue in Eastern, Central and Western Regions in Current Years

单位：%

地区 \ 年度	2012	2013
东部	9.8	7.6
中部	13.7	10.2
西部	14.8	9.2

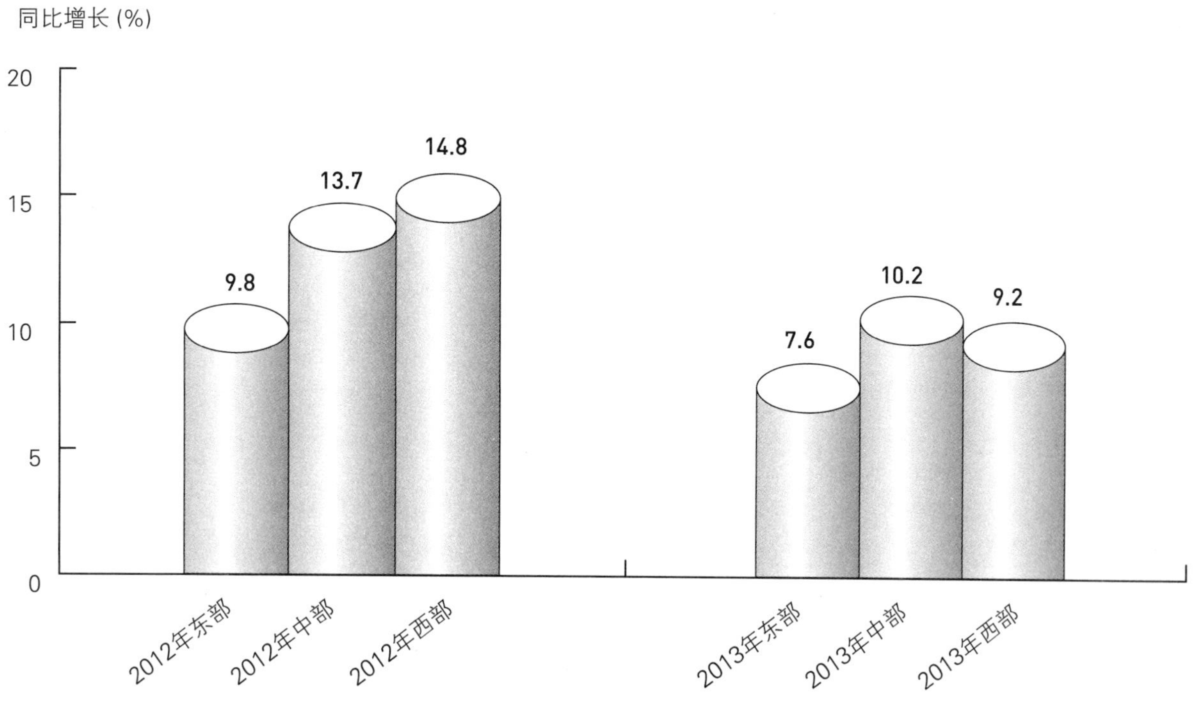

2013年税务机关征收社会保险费收入情况统计表

Data of Social Security Charges Collected by the Taxation Department in 2013

单位：万元

项目 地区	基本养老保险费			失业保险费	基本医疗保险费	工伤保险费	生育保险费	合计		
	收入额	比上年同期增减额	比上年同期增减比（%）	收入额	收入额	收入额	收入额	收入额	比上年同期增减额	比上年同期增减比（%）
河北	5458301	458398	9.17	435567	—	—	—	5893868	512610	9.53
内蒙古	3437738	360025	11.70	231874	1108163	97544	53709	4929028	611922	14.17
辽宁	6893943	963269	16.24	423659	1296347	153215	32831	8799995	1117984	14.55
大连	1521301	173111	12.84	145990	552562	47812	30857	2298522	231801	11.22
黑龙江	4666238	833344	21.74	197133	202537	24247	21878	5112033	882076	20.85
江苏	13111534	1383125	11.79	1098134	5326557	500532	321454	20358211	2304514	12.76
浙江	8589297	1200803	16.25	693878	3402476	328928	200816	13215395	1790848	15.68
宁波	1538133	264563	20.77	159442	864887	72285	38821	2673568	386372	16.89
安徽	4542993	801672	21.43	310371	1678471	175223	75069	6782127	1243132	22.44
福建	2034205	283476	16.19	163355	1224191	105720	66308	3593779	576296	19.10
厦门	1036547	164607	18.88	114279	577723	34251	44978	1807778	385428	27.10
湖北	6146099	587507	10.57	367535	1961053	117733	78606	8671026	962156	12.48
湖南	111748	16485	17.30	—	—	—	—	111748	16485	17.30
广东	12827109	1312499	11.40	680182	5271180	421576	275602	19475649	2161560	12.48
海南	906380	116598	14.76	49212	386713	22784	20436	1385525	150702	12.20
重庆	4183579	309084	7.98	217166	1502742	163505	64165	6131157	673288	12.34
云南	2479416	267772	12.11	223804	1465710	118065	66947	4353942	517775	13.50
陕西	4056896	446595	12.37	285818	185670	35446	5180	4569010	551727	13.73
甘肃	1875513	152858	8.87	137210	422074	43277	20679	2498753	234103	10.34
青海	614365	72170	13.31	48900	—	—	—	663265	78735	13.47
宁夏	856590	135288	18.76	65668	314970	27731	18546	1283505	241155	23.14
合计	86887925	10303249	13.45	6049177	27744026	2489874	1436882	124607884	15630669	14.34

让改革旗帜在税务系统高高飘扬 使整改要求在税务机关件件落地

High Fly the Reform Flag and Make Every Rectification Requirement Implemented and responsibly Fulfilled

11月20日，国家税务总局召开税务系统贯彻落实三中全会精神部署教育实践活动工作视频会议，对税务系统学习贯彻党的十八届三中全会精神，抓好教育实践活动“整改落实、建章立制”环节工作进行部署。国家税务总局党组书记、局长王军强调，全国税务系统一定要把学习贯彻党的十八届三中全会精神同深入推进党的群众路线教育实践活动有机结合起来，把深化税制改革的部署变为生动实践，以作风建设的新成效保证改革任务落到实处，让改革旗帜在税务系统高高飘扬，使整改要求在税务机关件件落地。

王军要求全国税务系统认真学习贯彻党的十八届三中全会精神。他指出，刚刚结束的十八届三中全会是在我国改革开放新的重要关头召开的一次重要会议。全会通过的《中共中央关于全面深化改革若干重大问题的决定》（以下简称《决定》），深刻剖析了我国改革发展稳定面临的重大理论和实践问题，阐明了全面深化改革的重大意义和未来走向，提出了全面深化改革的指导思想、目标任务、重大原则，明确了深化改革的战略重点、优先顺序、主攻方向、工作机制、推进方式和时间表、路线图，是指导新形势下全面深化改革的纲领性文件。

王军指出，《决定》对当前和今后一个时期税制改革作出明确部署，内容多、分量重，可谓浓墨重彩。具体可以概括为“一个鲜明特点、五个重要方面”。一个鲜明特点，就是从提高国家治理体系和治理能力现代化水平的高度部署税制改革。《决定》首次提出推进国家治理体系和治理能力现代化，并指出，财政是国家治理的基础和重要支柱，科学的财税体制是优化资源配置、维护市场统一、促进社会公平、实现国家长治久安的制度保障。这一论断充分体现了税收在国家治理体系中的重要地位。五个重要方面，一是保持“两个稳定”，即稳定税负、保持现有中央和地方财力格局总体稳定。这是税制改革的基调。二是落实税收法定。这是税制改革的原则。要完善立法，规范优惠，正税清费。三是优化税制结构。这是税制改革的要点。要加大间接税改革力度，逐步提高直接税比重，完善地方税体系。四是支持全面改革。这是税制改革的责任。税收制度是支持各领域改革的重要工具。五是完善征管体制。这是税制改革的保障。《决定》提出要完善国税、地税征管体制，主要任务是完善国税、地税征管职责划分办法，切实提高税收征管效能，同时必须积极深化税收征管改革，打造税收征管模式升级版。《决定》还提出，建立全社会房产、信用等基础数据统一平台，推进部门信息共享；建立个人收入和财产信息系统；建立健全社会征信体系，褒扬诚信，惩戒失信。这为从根本上解决征纳双方信息不对称问题、提高纳税人税法遵从度、提升征管质量和效率提供了有利契机和可靠保障。

王军强调，全国税务系统要把学习好、宣传好、贯彻好党的十八届三中全会精神作为当前和今后一个时期的重大政治任务，增强进取意识、机遇意识、责任意识，把思想和行动统一到全会精神和中央要求上来。

一是把学习贯彻十八届三中全会精神与学习贯彻习近平总书记系列讲话精神结合起来，领会实质，深化认识。要按照习近平总书记关于做好学习宣传贯彻十八届三中全会精神的重要指示，在全、透、实上下功夫，迅速掀起学习热潮。要全面系统学。既要认真学习与税收有关的内容，又要从提升站位、服务大局的高度，原原本本、全面系统学习《公报》《决定》、习近平总书记一系列重要讲话，加深对全面深化改革的指导思想、总体目标和方针原则的认识，加深对全面深化改革的重大部署、创新举措和根本保证的认识，搞清楚全面深化改革为什么改、改什么、怎么改，切实增强深化税制改革和服务全面改革的自觉性、坚定性。要深入透彻学。充分运用多种学习方式，努力做到多层次、广覆盖。各级税务机关领导干部要带头学习，作出表率。党组要反复学，组织党组中心组集体学习，务求学深学透、融会贯通。要组织全体干部学，确保每一位税务干部充分领会全会精神。要通过自学、邀请专家辅导等多种形式广泛组织开展学习讨论，增强学习效果。要联系实际学。紧密联系税收工作特别是税制改革的实际，增强学习的针对性和实效性。深刻理解十八届三中全会对今后一个时期税制改革作出的战略部署，切实把思想和行动统一到全会的部署要求上来，把智慧和力量凝聚到全会确定的目标任务上来。

二是把学习贯彻十八届三中全会精神与做好税制改革准备结合起来，上下联动，形成合力。总局要加强与财政部等有关部门的协同，精心设计税制改革总体方案和分项、分步实施方案，并广泛听取意见，进行必要的实证分析和评估论证，注意把改革的力度、发展的速度和社会的可承受程度结合起来，注重统筹协调，切实增强科学性、现代性、操作性和系统性、整体性、协同性。省以下税务机关要为税制改革方案的设计积极建言献策，并充分做好实施税制改革的准备，认真落实税制改革的各项部署。

三是把学习贯彻十八届三中全会精神与抓好年终岁尾的工作结合起来，完美收官，打好基础。各级税务机关要扎实工作，圆满完成2014年税收任务，为2014年工作打下坚实基础。要认真检查2013年税制改革措施的落实情况，努力使各项改革逐一落地、逐见成效。特别是要开展“营改增”扩大试点效应分析和风险防控工作，加强对小微企业税收优惠政策落实情况的跟踪、监督和反馈。要对照年初部署，梳理检查各项工作情况，确保完成。认真抓好教育实践活动，用好的作风保证十八届三中全会精神在税务系统的落实。坚持依法征税，不断提高收入增长质量，避免出现年底突击收税等问题。继续落实加强征管堵漏增收各项措施，保证税收收入持续稳定增长。组织开展好首批税务领军人才培养工作，确保首战必胜。严格执行中央八项规定，不断强化党风廉政建设，特别是元旦、春节期间，要敲响警钟，加大对违规违纪行为的查处力度。要筹划好年度税务工作会议。认真总结2013年工作，并按照十八届三中全会精神，科学谋划今后一个时期税收工作思路，部署好2014年税收工作任务。

王军要求全国税务系统以学习贯彻党的十八届三中全会精神为指导，继续扎实推进党的群众路线教育实践活动。他首先充分肯定了第二环节工作取得的成效。他指出，9月12日税务系统教育实践活动交流推进视频会议以来，在中央第29督导组的精心指导下，活动扎实推进、逐步深入，在第一环节的基础上保持了好态势、取得了新成效。特别是作为活动重中之重的专题民主生活会和组织生活会，普遍反映开得好、质量高，达到了找准问题、触动灵魂、增进团结和鼓足干劲“四个目的”。这主要得益于落实中央要求有力、领导班子示范有力、党员干部参与有力和及时指导督导有力“四个有力”。同时，针对第二环节工作中存在的问题，认真开展了前段工作“回头看”，进一步查漏补缺，促进教育实践活动步步为营、稳扎稳打、逐步深入。

王军强调要切实做好第三环节工作。他指出，第一批教育实践活动进入整改落实、建章立制环节，这是检验活动成效的关键步骤，是攻坚克难的重要阶段。总局党组和活动领导小组提出，这一环节的总体要求是：做到三个坚持、抓好三个一批、实现三个提升。即：坚持既普遍整改又专项整治，解决一批突出问题，从工作层面提升群众满意度；坚持既立行立改又建章立制，完善一批关键制度，从制度层面提升整治“四风”的保障程度；坚持既弘扬先进又正风肃纪，抓出一批正反典型，从精神层面提升税务文化建设水平。

一要完善整改方案。在已有工作的基础上，深刻领会十八届三中全会精神，按照中央活动领导小组及督导组的要求，进一步研究完善总局、司局、省局整改方案和领导干部个人整改措施，做到目标更明确、工作更具体、责任更明晰。

二要实施专项整治。集中力量打好以“三清三察三审”为重点的专项整治攻坚战。“三清”即：清理办公用房，清理公务用车，清理基本建设。“三察”即：察访“门难进、脸难看、事难办”，察访不依法行政、办事效率低下、作风粗暴，察访“吃拿卡要报”。“三审”即：审计“三公”经费，审计会议费，审计专项资金。

三要强化建章立制。按照十八届三中全会《决定》的要求，把立足当前与着眼长远、顶层设计与完善配套、健全制度与深化改革、制度制定与强化执行相结合，围绕解决“四风”问题，从抓好制度梳理、抓好制度完善和抓好制度落实三个层面推进建章立制。总局已制定出制度建设计划，完善克服“四风”的制度体系。2013年年底前将完善一批与克服“四风”联系最直接、群众反映最强烈、又有一定基础的制度。

四要狠抓正反典型。把抓典型、树正气、刹歪风作为整改落实、建章立制的重要手段，以此引导人、激励人、警醒人、塑造人。总局将组织践行党的群众路线先进事迹报告团赴全国部分省市区巡回演讲，推动向先优典型的学习。与此同时，深入开展案例教育，加大反面典型曝光力度，达到查处一个、教育一片的效果。

王军要求确保第三环节工作善做善成。他指出，要牢固树立关键在落实的思想，用过硬的措施、管用的办法，拧紧“螺丝扣”，加大推动力，高标准、高质量推进整改落实、建章立制环节工作。

一要提高认识。要克服“松”的情绪“拖”的思想，决不能虎头蛇尾、失信于民；要牢固树立“开端”意识，永远保持“在路上”的状态；要切实发扬“钉钉子”精神，对明确了的工作要盯住不放，确保教育实践活动善始善终。

二要注重统筹。要上下联动。必须用以上带下、上下联动的工作方法，形成一级带一级、层层抓整改的工作格局。要前后接续。要在继续抓好第一批活动整改落实的同时，及早谋划第二批活动，前后接续抓整改，不断巩固和扩大活动成果。要左右借鉴。注意学习借鉴好经验、好做法，不断完善整改落实、建章立制工作。

三要强化督导。总局领导小组及其办公室要强化组织领导和协调指导，拉出问题、制度、工作等清单，提高工作的计划性、协同性。总局各督导组要继续保持督导工作的力度，当好督察员、指导员、联络员、质检员，有力促进教育实践活动。各省局领导小组及其办公室要认真落实各项工作要求，并积极谋划第二批活动方案，推进教育实践活动深入开展。

四要抓好落实。要践行“责任制”。主要负责同志要始终履行好“第一责任人”的责任，其他负责同志和相关部门要履职尽责，按照责任分工抓好整改工作的落实。要强化“督办制”。领导小组办公室要会同办公厅（室）及时下达整改任务督办单，加强督促检查，推动任务落实。要推进“公示制”。敞开大门搞整改，及时公开整改的内容、目标、时限和责任，坚持整改

一批公示一批，自觉接受群众监督。要严格“销号制”。加强问题台账管理，做到整改一项销号一项，群众不满意的要“补课”。要实行“通报制”。认真总结、宣传和交流好经验好做法，及时通报整改情况和正反典型，推介实践成果、制度成果、理论成果，推动教育实践活动的开展。

王军深情寄语首批全国税务领军人才培训班学员：让百万税务人以你们为骄傲

SAT Commissioner Wang Jun Affectionately Sent Words to the First Batch of Nationwide Tax Leading Talents: Let Millions of Taxman Feel Proud of You

11月22日，首批全国税务领军人才培训班开班仪式在扬州国家税务总局税务干部进修学院举行。国家税务总局党组书记、局长王军出席开班式，深情勉励学员们珍惜荣誉、抓住机遇、刻苦学习、砥砺磨炼、勇于担当、大胆创新、加快成长，“让百万税务人以你们为骄傲”。

王军在讲话中以“何出领军”“何为领军”“何以领军”三个事关领军人才培养的重大问题为主线，阐述了培养全国税务领军人才的战略意义、总体思路和具体要求，并对首批税务领军人才培训班学员提出了殷切希望。

谈到“何出领军”时，王军指出，千军易得，一将难求。培养税务领军人才是时代要求和事业发展所需。全面深化改革，需要百万税务人的共同努力，更需要一支能打硬仗、善打胜仗的先锋队。社会主义市场经济越发展，税收工作越重要，亟须选拔培养一批高精尖人才，为税收事业可持续发展奠定人才基础，提供智力支持。领军人才的选拔，就是在认真做好税务干部整体教育培训工作并不断提高教育培训的科学性、针对性和实效性的同时，为基础好、有潜力、想干事的年轻人成长发展打通一个新通道，开辟一条新道路。首批领军人才选拔犹如投入池中的一颗石子，已经激起阵阵涟漪，一批干部脱颖而出，更多干部跃跃欲试，呈现出“百舸争流千帆过，借海扬帆奋者先”的大好景象，这将对税务干部队伍活力的增强和素质的提升起到巨大推动作用。

谈到“何为领军”时，王军强调，税务领军人才的基本定位是：具有国际视野、战略思维、德才兼备、精通业务、善于管理，并具有引领带动作用的复合型、国际化、现代化高端人才。核心是有德、有才、有为。第一，有德为先。税务领军人才要注重修身养性，守好道德底线、法律底线和廉政底线，做事行大道，保持坚定的职业操守。第二，有才为基。税务领军人才要才华横溢，有丰富的学识、广泛的涉猎、超群的业务水平、良好的语言表达能力和开阔的视野。第三，有为为重。税务领军人才要做到想干事、能干事、干成事、不出事，能够攻坚克难，让点子多为上级所用、让经验多为别人借鉴、让成果多为大家所赞，充分体现领军人才的价值。

谈到“何以领军”时，王军以“璞玉”比喻各位学员，强调经过四年的精雕细琢，通过醉心学习、掏心交流、静心悟道、潜心创业的研修才能成为一块“美玉”。王军指出，醉心学习就是要把学习当作一种兴趣、一种境界、一种习惯，一种生活，自我加压，持之以恒地学习。要讲究学习方法，注重融会贯通。掏心交流就是学员之间、学员与外界要敞开心扉、真诚相待、用心相交，通过交流碰撞达到裂变提升。静心悟道就是要把学习当作悟道的过程，不能仅满足于用增加知识来认识千差万别的事物、熟悉千变万化的世界，而应当把重点转移到对超越了知识之限、经验之域的形而上的“道”的追求上，开启自己的智慧。潜心创业就是要干事创业、建功立业，这是组织对领军人才的寄托，也是领军人才的责任和使命。要通过四年的砥砺磨炼，以及随后若干年的奋力拼搏，勇于开拓、敢于创新、干出成绩，无愧于领军人才的称号。

王军语重心长地说，机遇总是垂青于有所准备的人，成功总是属于有韧性的人。希望每位学员在领军人才这片沃土上，放飞梦想，奏响华章，为实现事业兴旺发达的税务梦和中华民族伟大复兴的中国梦贡献青春、智慧和力量。各级税务机关领导干部要从培养高端人才、促进事业长远发展的高度，全力支持领军人才培养工作。

开班式结束后，王军、宋兰听取了税务干部进修学院的工作汇报，并与部分教师代表进行座谈。在听取了大家的发言后，王军对学院工作给予充分肯定，对辛勤工作在教育培训一线的教职员工表示衷心感谢。他勉励大家解放思想、改革创新，把学院打造成培养高级税务人才的摇篮、研究推进税收工作现代化的基地、服务税收改革发展的智库、扩大税务部门影响的品牌。要发扬“钉钉子”精神，一年接一年地干好工作，齐心协力、团结奋斗，把学院各项工作做得更好。

座谈会后，王军还到税务进修学院实训中心、多媒体教室等地，实地考察学院的教学生活设施。

王军局长《人民日报》撰文：以科技创新推进税收管理现代化

SAT Commissioner Wang Jun has Written Articles for the People's Daily: To Advance the Modernization of Tax Administration by Technology Innovation

党的十八大以来，习近平同志就实施创新驱动发展战略作出了一系列重要论述。这些重要论述高屋建瓴、深谋远虑，具有很强的思想性和针对性，对党和国家事业发展具有重大指导意义。

顺应世界潮流和我国发展实际的科学决断

习近平同志鲜明地指出，实施创新驱动发展战略决定着中华民族的前途命运。党的十八大强调，科技创新是提高社会生产力和综合国力的战略支撑，必须摆在国家发展全局的核心位置。党的十八届三中全会要求，通过深化改革建设国家创新体系。

当今世界正在发生广泛而深刻的变化，新一轮科技革命和产业变革正在孕育兴起。习近平同志敏锐把握这一趋势，明确指出科学技术越来越成为推动经济社会发展的主要力量，创新驱动是大势所趋。他指出，即将出现的新一轮科技革命和产业变革与我国加快转变经济发展方式形成历史性交汇，为我们实施驱动发展战略提供了难得的重大机遇。机会稍纵即逝，抓住了就是机遇，抓不住就是挑战。这是在总结吸取历史经验教训基础上作出的重要论断。实践证明，科技革命和产业变革从来不是在全球均衡推进的，只有少数战略上重视、政策上支持、抓住了机遇的国家才能获得成功并从中受益。目前，世界范围内科技进步日新月异，全球进入了空前的创新密集期。谁能在科技创新方面占据优势，谁就能掌握结构调整和转型发展的主动权。在这种形势下，习近平同志语重心长地指出，我们必须增强忧患意识，紧紧抓住和用好新一轮科技革命和产业变革的机遇，不能等待、不能观望、不能懈怠。这些重要论述令人警醒，催人奋进。

我国经济总量已跃居世界第二位，社会生产力、综合国力、科技实力迈上一个新的大台阶。同时，我国发展中不平衡、不协调、不可持续问题依然突出，人口、资源、环境压力越来越大，转方式、调结构的要求十分迫切。习近平同志准确把握我国发展的阶段性特征，强调必须紧紧抓住和用好新一轮科技革命和产业变革的机遇，促进加快转变经济发展方式。从现实情况看，我国以较少的人均资源占有量和相对脆弱的生态环境，承载着巨大的人口规模和实现持续快速发展的压力，面对着节能减排、应对气候变化等严峻挑战。加快转变经济发展方式，赢得发展先机和主动权，最根本的是靠科技的力量，最关键的是大幅提高自主创新能力。正如习近平同志指出的，物质资源必然越用越少，而科技和人才却会越用越多。我们要推动新型工业化、信息化、城镇化、农业现代化同步发展，必须及早转入创新驱动发展轨道，把科技创新潜力更好释放出来，充分发挥科技进步和创新的作用。

我们党始终高度重视科技进步和创新。1963年，面对我国科技发展比较落后和西方国家实行技术封锁的艰难形势，毛泽东同志明确提出，要下决心搞尖端技术；强调科学技术这一仗一定要打，而且要打好。在这些重要思想指引下，我国逐渐走出了一条独立自主、自力更生的科技创新之路。1988年，邓小平同志提出“科学技术是第一生产力”的重要论断，使我国迎来了科学技术发展的春天。1995年，江泽民同志提出实施科教兴国战略，指导我国科技创新不断迈上新台阶。2006年，胡锦涛同志提出建设创新型国家的重大战略目标，开启了我国加快科技创新的新征程。党的十八大以来，习近平同志强调科技是国家强盛之基，要增强创新自信，坚定不移走中国特色自主创新道路，加快从要素驱动发展为主向创新驱动发展转变。这些重要论述与我们党重大科技战略思想既一脉相承又与时俱进，必将成为新时期推动我国科技改革发展和经济社会发展、实现中华民族伟大复兴中国梦的强大动力。

指导税收管理创新的重要方针

习近平同志在《关于〈中共中央关于全面深化改革若干重大问题的决定〉的说明》中指出，科学的财税体制是优化资源配置、维护市场统一、促进社会公平、实现国家长治久安的制度保障。税收是国家治理体系的重要组成部分。大力推进税收治理能力现代化，不断提高税收管理水平，是摆在税务部门面前的一项重大而紧迫的任务。这些年，经过全体税务干部不懈努力，税收管理成就很大，但问题也不少。深入学习习近平同志关于实施创新驱动发展战略的重要论述，我们感到找到了破解税收管理难题的良策，那就是要通过科技创新推动税收管理水平实现跨越性提高，以更好地服务于推进国家治理体系和治理能力现代化的需要。

为突破税收征管瓶颈提供了根本措施。随着经济全球化和社会主义市场经济的深入发展，我国税源状况发生重大变化，对税收管理提出严峻挑战：纳税人数量迅猛增长，一名税务干部少则管理几十户，多则管理几百户甚至上千户，人少户多的矛盾越来越突出；跨地区、跨国经营的大型企业集团不断涌现，而税务部门则是按照属地原则进行管理，导致看得见的管不着、管得着的又看不见；税务干部的技能、经验大多局限于某一个税种、某一个行业，而且大多是单兵作战，管理力度跟不上；等等。解决税收管理方式不适应形势发展要求的问题，根本出路是按照习近平同志的要求走创新驱动之路，全面实施信息管税。要按照党的十八届三中全会《决定》的部署，充分利用现代信息技术手段，建立全社会基础数据统一平台，推进部门信息共享，推行网络发票，广泛采集信息，实现自动稽核比对，及时查找管理风险，提高税收征管质量和效率，从根本上解决征纳双方信息不对称的问题，彻底走出“人盯人”的窠臼。

为提高纳税人税法遵从度提供了科学方法。当前，纳税人涉税诉求多元化、个性化的趋势日渐明显。不少纳税人反映，税务部门客客气气的微笑服务固然重要，但政策落实是否到位、行政审批是否减少、办税是否快捷便利、纳税成本是否降低等深层次服务更重要。及时满足数量众多的纳税人日益增长的合理需求，必须按照习近平同志的要求，发挥科技创新的突破作用和聚变效应，着力建设电子税务局。要依托信息技术手段，创新和拓展纳税服务的内容和方式，打造涵盖税务网站、12366纳税服务热线、短信服务系统等在内的一体化纳税服务平台，加快实现网络申报和缴税的全覆盖，使纳税人能够更加及时准确地了解税法规定，更加方便快捷地办税，更加全面有效地享受税收优惠政策。要按照《决定》要求，加强税收信用体系建设，探索建立税收“黑名单”制度，促使纳税人增强依法诚信纳税意识，自觉履行纳税义务。

为加强税务干部管理提供了有力武器。税务系统队伍大、人数多、分布广，税务干部手中或多或少掌握一定的行政裁量权。同时，税务部门实行垂直管理，客观上存在当地领导因为客气不想监督、上级鞭长莫及不易监督、同级之间碍于情面不愿监督、下级怕得罪上级不敢监督的现象。因此，加强对税务干部的教育管理监督是一个需要解决的重大课题。通过学习领会习近平同志重要论述，我们感到单纯“人管户”不行，单纯“人管人”也不行，必须实行科技管人。要按照“制度+科技”的思路，推进制度创新，依靠科技手段，持续深化内控机制建设，把制度镶嵌到软件中，实现执法风险和廉政风险的信息化防控，做到流程监控、痕迹管理，从根本上规范税收执法，从源头上促进税务干部廉洁从税。

推进税收管理现代化的行动指南

习近平同志强调，实施创新驱动发展战略最为紧迫的是要进一步解放思想，加快科技体制改革步伐，破除一切束缚创新驱动发展的观念和体制机制障碍，并提出要完善推动企业技术创新的税收政策。税务部门要按照习近平同志的重要论述和国务院关于建设创新政府的要求，认真完善和落实各项税收政策措施，服务创新驱动发展战略。同时，充分运用科技创新成果，大力推进税收管理现代化。

进一步推进金税三期工程建设。金税工程是国家级电子政务工程，是税收领域的重大科技创新工程。金税三期工程的全面实施，将使国税局、地税局由应用不同版本软件向统一信息操作平台转变，从而实现业务操作和执法标准统一；实现全国数据大集中，从而实时掌握税收工作各方面信息，精确实施税收风险监控，大幅度提高税收征管水平；实现让纳税人足不出户轻松办税，从而大大减轻纳税人办税负担；实现依据及时全面准确的信息作出决策，从而提高决策的科学化水平。总之，金税三期工程将对税收管理带来革命性影响，使税收工作面貌发生根本改观。

我们将按照习近平同志关于用好国家科技重大专项和重大工程等抓手、集中力量抢占制高点的要求，增强创新自信，坚持质量第一，把金税三期工程作为打基础、利长远的重大工程抓紧抓好，努力实现“国际先进、中国特色”的目标，为税收事业科学发展、跨越发展、长远发展插上金色翅膀。同时，按照《决定》要求，建立个人收入和财产信息系统，为个人所得税、房地产税等直接税管理提供技术支持。

进一步发挥科技创新对税收事业的引领作用。我们将按照习近平同志关于推动科技创新与经济社会发展紧密结合、发挥科技创新的支撑引领作用的要求，积极适应现代信息技术发展趋势，对税收管理进行前瞻性思考、研究和设计，统筹抓好信息化建设与征管改革。要一手抓金税三期工程建设、一手抓税收风险管理，促进管理理念、管理方式和人力资源配置的变革与创新，使税收工作实现质的飞跃。牢固树立风险管理理念，把风险管理贯穿税收征管工作全过程。依托信息技术平台，对不同风险等级的纳税人有针对性地采取应对措施。适应数据信息向税务总局、省税务局集中的趋势，适当提升一些复杂涉税事项的风险管理层级，逐步实现税务组织体系扁平化。

进一步加强人才队伍建设。税收工作的专业性、政策性很强，对高素质人才需求十分迫切。我们将按照习近平同志关于完善人才发展机制、最大限度调动科技人才创新积极性的要求，加快税务创新人才队伍建设。前不久，国家税务总局出台了《全国税务领军人才培养规划（2013—2022年）》，提出从2013年开始，采取集中培训与在职自学相结合、理论提升与实践应用相结合、系统内培养与系统外培养相结合、境内培训与国际拓展相结合的模式，用10年时间着力打造千人左右具有国际视野、战略思维、德才兼备、精通业务、善于管理的现代化税务领军人才队伍，在税收信息化管理、税收经济分析、税收风险评估、国际税收管理等领域，充分发挥创新引领和示范作用。同时，按照《决定》要求，严格绩效管理，把绩效考评与领军人才培养结合起来，辅之以其他措施，营造奋发向上、公平竞争、宽容失败的创新环境，激发干部创新积极性。

王军局长《求是》撰文：深化税制改革　服务发展大局

SAT Commissioner Wang Jun has Written Articles for QiuShi: Deepen the Tax Reform and Serve the Overall Development Situation

党的十八届三中全会通过的《中共中央关于全面深化改革若干重大问题的决定》（以下简称《决定》），是指导新形势下全面深化改革的纲领性文件。《决定》从推进国家治理体系和治理能力现代化，从优化资源配置、维护市场统一、促进社会公平、实现国家长治久安的高度，对深化税制改革作出全面部署，为更好发挥税收在服务发展大局中的作用指明了方向。

一、充分认识深化税制改革的重要意义

我国现行税制基本框架是1994年为适应建立社会主义市场经济体制的需要而构建的。进入新世纪以来，我国对税制进行了一系列调整和完善，对实现政府财力增强和经济快速发展的双赢目标发挥了重要作用。

当前，我国进入全面建成小康社会、实现中华民族伟大复兴中国梦的关键时期。积极深化税制改革，将为持续发展经济、不断改善民生、促进社会公正提供强大动力，为实现“两个一百年”奋斗目标奠定科学完备的物质和制度基础。

推进国家治理体系和治理能力现代化的必然要求。国家治理体系和治理能力是一个国家制度和制度执行能力的集中体现。财政是国家治理的基础和重要支柱，其中税制是否科学完善、是否能够有效实施，直接表明国家治理体系和治理能力现代化水平。深化税制改革，不仅关乎经济体制改革乃至政治、社会、文化、生态文明等改革，而且有利于增强国家财政实力，规范政府与市场主体分配关系，促进经济健康发展、社会和谐稳定、国家长治久安。

打造中国经济升级版的必然要求。我国现行税制仍不完全适应打造中国经济升级版的要求。主要是：一些行业还没有纳入营业税改征增值税范围，不能更好地促进产业结构升级和现代服务业发展；一些消费品还没有纳入消费税征收范围，调节消费和促进资源节约等方面作用发挥得不够充分；资源税改革有待深化，环境税制缺失，不能完全满足建设资源节约型、环境友好型社会的要求。近年来的税制改革在这方面进行了积极探索，要加大力度，进一步形成有利于经济转型升级的税收制度安排。

促进社会公平的必然要求。税收是调节收入分配的重要工具。与调节收入分配、促进社会公平的要求相比，现行税制还存在一些不适应的地方。主要是：初次分配和再分配的税收调节机制尚不完善；直接税比重偏低，影响税收调节收入分配的力度；个人所得税调节收入分配的作用有待增强；财产税制不健全，对财富分配的调节力度不足。迫切需要积极深化税制改革，缓解和调节收入分配方面的矛盾。

提高开放型经济水平的必然要求。随着经济全球化的快速发展，我国已融入于世界经济发展的大潮。现行税制不完全适应促进扩大开放、构建开放型经济新体制的要求。主要是：税制建设的国际化视野有待进一步拓宽，税制国际竞争力有待提高；国际税收交流与合作的广度和深度需要拓展，维护我国税收权益和保护跨境纳税人合法权益的任务十分繁重；支持企业“走出去”的税收措施尚不完善，难以适应不断扩大开放的新形势。要继续完善税收制度，增创我国参与和引领国际经济合作竞争新优势。

二、准确把握深化税制改革的战略部署

《决定》对今后一个时期深化税制改革作出部署，我们要全面深刻理解，精准把握要义。

保持“两个稳定”。《决定》中有两句话很重要，一是稳定税负，二是保持现有中央和地方财力格局总体稳定。这是税制改革的基调。稳定税负，就是要在总体上保持现有税负水平，并根据完善国家治理、加强和改善宏观调控的要求，对税负进行有减有增的结构性调整。这既有利于保证必要的财政收入，满足政府有效履行职能、增加人民福祉的需要，又在总体上不增加纳税人的税收负担，稳定市场预期，不断激发创新和创造活力。保持现有中央和地方财力格局总体稳定，既可以进一步理顺中央和地方收入关系，又不会影响地方财力，有利于形成中央和地方财力与事权相匹配的财税体制，更好发挥中央和地方两个积极性。

落实税收法定。这是税制改革的原则，也

是建设法治中国的重要内容之一。《决定》关于税收法定的要求，将掀开税收工作法治化、规范化的新篇章。具体来说：一是完善立法。税制改革要于法有据，使深化税制改革具备健全的法律保障。需要立法的要积极推动立法，需要制定条例的要制定条例，需要修法或修改条例的要抓紧推动修改。一些重要改革措施需要得到法律授权的，要按法律程序进行。要不断提升立法层次，推动将一些税收法规规章上升为法律，提高法律效力等级。二是规范优惠。《决定》提出税收优惠政策统一由专门税收法律法规规定。税收优惠政策制定法治化是成熟市场经济的重要标志，将从根本上解决税收优惠特别是区域税收优惠过多过滥问题，有利于形成公平竞争的良好市场环境，维护市场统一，真正发挥市场在资源配置中的决定性作用。要根据《决定》要求，加强对税收优惠特别是区域税收优惠政策的规范管理，清理规范税收优惠政策。三是正税清费。《决定》提出推动环境保护费改税，在房地产税、资源税改革中也涉及费改税问题。推进正税清费，将带有税收性质的收费改为税，不仅使其更规范，而且符合税收法定原则。正税要以清费为基础，费不清则税难立。在资源税、房地产税、环境保护税等税种改革过程中，都要大力推进费改税，取消不合理收费，规范政府收入行为。

优化税制结构。这是税制改革的要点。具体要求：一是要加大间接税改革力度，推动经济结构优化升级。税收具有的调控经济职能，决定了在促进产业结构调整、经济转型中发挥着重要作用。要按照《决定》要求，推进增值税改革，适当简化税率，特别是2014年要继续扩大营业税改征增值税试点范围，在铁路运输和邮电通信等行业实施，进一步促进现代服务业发展；调整消费税征收范围、环节、税率，把高耗能、高污染产品及部分高档消费品纳入征收范围，更好地发挥其引导社会消费、促进节能减排的积极作用。二是要逐步提高直接税比重，促进社会公平。根据我国现行税制中间接税比重过高的状况，要按照《决定》要求，逐步建立综合与分类相结合的个人所得税制，完善财产税制，伴随经济发展相应提高直接税比重，并完善税收的再分配调节机制，加大税收调节收入分配的力度。三是要完善地方税体系，增强地方财力。完善地方税体系对于形成地方稳定的收入来源，健全中央和地方财力与事权相匹配的机制，发挥税收调控作用，具有重要意义。要按照《决定》要求，加快房地产税立法并适时推进改革，调节财富分配，引导住房合理消费。加快资源税改革，逐步将资源税拓展到占用各种自然生态空间，促进资源节约利用。推动环境保护费改税，促进建设美丽中国。

支持全面改革。这是税制改革的责任。各领域改革紧密联系、相互交融，任何一个领域的改革都会牵动其他领域，同时也需要其他领域改革密切配合。税收制度是支持各领域改革的重要工具。《决定》提出要完善慈善捐助减免税制度，支持慈善事业发挥扶贫济困积极作用；制定实施免税、延期征税等优惠政策，加快发展企业年金、职业年金、商业保险，构建多层次社会保障体系等，体现了税制改革支持各方面改革的精神。在《决定》全面实施过程中，还会不断提出这方面的新要求。要按照《决定》精神，加强税制改革与其他改革的衔接和配合，在不断深化税制改革的同时积极支持各项重点改革。

三、全力推进深化税制改革部署的落地生效

税制改革是一项艰巨复杂的系统工程，既需要方方面面通力协作，也需要税务部门全力投入其中。要积极完善各项保障措施，确保改革方案制定科学完善，改革任务落实取得成效。

统一思想认识。税制改革已到“深水区”，牵涉面广，不可避免涉及利益的调整，难度很大。要深入学习领会三中全会精神，进一步统一思想、凝聚共识，做到与中央同心同德，按中央

要求矢志笃行。要秉持公心、正确面对，勇于突破部门利益和个人利益的束缚。要坚定信心，全力打赢深化税制改革的攻坚战。

精心设计方案。税务部门要加强与财政等有关部门的协调配合，精心设计税制改革总体方案和分项、分步实施方案，并广泛听取意见，进行必要的实证分析和评估论证，注意把改革的力度、发展的速度和社会的可承受程度结合起来，注重统筹协调，切实增强科学性、现代性、操作性和系统性、整体性、协同性。既要坚持顶层设计，从整体上谋篇布局，又要尊重群众首创，鼓励大胆探索创新，最大程度聚合改革的正能量。要积极借鉴国际有益经验，推动我国税制与国际惯例接轨，增强我国在国际税收领域的竞争力、话语权、影响力。

完善征管体制。税制改革的顺利实施要靠有效的征管作保障。《决定》指出，完善国税、地税征管体制。这是保障税制改革顺利实施、进一步理顺中央和地方收入划分的客观要求，主要任务是完善国税、地税征管职责划分办法，切实提高税收征管效能，同时必须积极深化税收征管改革，打造税收征管模式升级版。《决定》提出，建立全社会房产、信用等基础数据统一平台，推进部门信息共享；建立个人收入和财产信息系统；建立健全社会征信体系，褒扬诚信，惩戒失信。这为从根本上解决征纳双方信息不对称问题、提高纳税人税法遵从度、提升征管质量和效率提供了有利契机和可靠保障。要按照《决定》要求，以科技创新为驱动，以优化纳税服务为基础，以推进税收管理平台建设和国税、地税间及其与外部门的信息共享为抓手，促进管理理念、管理方式和人力资源配置的变革与创新，使税收征管工作转型升级，实现现代化。要推进《多边税收征管互助公约》的生效、执行，加强国际间税收情报交换和信息共享，提升跨境税源管理水平，优化对“走出去”企业的服务与管理，强化国际税收交流与合作，提升税收征管国际化水平，保障国家税收权益。

认真抓好实施。要逐项明确落实税制改革的责任，有计划、分步骤、稳中求进推改革。要发扬“钉钉子”精神，扎扎实实、不停顿地把税制改革推向前进，同时及时化解实施中出现的新矛盾、新问题，使改革干一件成一件，一件接着一件干，环环相扣、层层递进，不断释放改革红利，增强发展动力。要加强监督检查，抓好跟踪督办，确保各项改革落到实处、取得实效。要做好税制改革的正面宣传和舆论引导工作，及时回应社会关切的重大认识和热点问题，为顺利推进改革营造良好社会环境。

税务总局财产行为税司负责人就土地增值税政策和征管情况答记者问

Head of the Property and Behavior Department of SAT has Answered to Reporter's Questions about Land VAT Policies, Collection procedures and Administration Situations

记者：请问增值税的政策和相关税收征管方式是如何规定的？

答：土地增值税是纳税人在转让国有土地使用权、地上建筑物及其附着物并取得一定的增值收入时所缴纳的一种税。土地增值税以纳税人转让房地产取得的增值额为计税依据。增值额为纳税人转让房地产所取得的收入减去税法规定的扣除项目金额后的余额。扣除项目金额主要涉及房地产开发项目的成本及费用、加计扣除项目，旧房的重置成本以及相关税金。

土地增值税实行四级超率累进税率：土地增值额未超过扣除项目金额50%的部分，税率为30%；土地增值额超过扣除项目金额50%，未超过100%的部分，税率为40%；土地增值额超过扣除项目金额100%，未超过200%的部分，税率为50%；土地增值额超过扣除项目金额200%的部分，税率为60%。

根据《土地增值税条例》及其实施细则规定，目前对房地产开发企业土地增值税实行销售时预征、项目终了进行清算，多退少补的制度。在项目竣工结算前由于涉及的成本确定等原因，而无法据以计算土地增值税的，可以实行预征。预征一般按照销售收入的一定比例征收，预征率由各省级税务机关按照规定区分不同类型房地产确定。

土地增值税清算条件分两类：一是必须清算的情形，包括房地产开发项目全部竣工、完成销售的；整体转让未竣工决算房地产开发项目的；直接转让土地使用权的。二是税务机关可要求清算的情形，包括已竣工项目转让面积超过85%、或虽未超过85%但剩余面积已出租或自用的；取得预售许可证满三年仍未销售完毕的；纳税人注销登记的。在项目达到清算条件后进行土地增值税清算，得出房地产项目实际应缴的税款，与预征的税款比较后，多退少补。

记者：近年来土地增值税征管情况如何？

答：1994年国家开征土地增值税后不久，受亚洲金融危机等影响，房地产市场疲软，税源严重萎缩。2007年以来税务部门认真落实土地增值税预征、清算征收机制，加大土地增值税征管和清算力度。特别是贯彻国务院房地产宏观调控政策，税务总局下发了《关于房地产开发企业土地增值税清算管理有关问题的通知》《土地增值税清算管理规程》《关于加强土地增值税征管工作的通知》等一系列完善制度、加强征管的文件，并连续几年对北京、上海等21个省市进行督导检查，推动土地增值税清算工作。各地税务机关结合实际，在人员培训、征管模式、信息化技术、问责机制等方面探索实践，不断提高土地增值税征管水平。经过这些年的努力，土地增值税在配合国家房地产宏观调控，促进普通住宅开发，规范房地产市场交易秩序，合理调节土地增值收益等方面发挥了积极作用。2007年，全国土地增值税收入同比增长74.3%；2008年增长33%；2009年增长33.9%；2010年增长77.6%；2011年增长

61.4%；2012年增长31.8%；2013年1—10月组织收入2710.78亿元，增长22.2%。由此可见，土地增值税征管力度是逐步加大的，近日引起社会关注的有关人员对欠税的巨额推算，方法是不正确的，对税收政策和征管方式存在误解误读。

记者：土地增值税在征管方面主要有哪些困难？下一步税务部门有什么措施？

答：在看到土地增值税征管成效的同时，也要看到目前还面临着一些困难和压力，主要反映在：由于房地产行业经营情况复杂，土地增值税税制设计也比较复杂。土地增值税清算需要审核大量跨若干年度收入、成本和费用情况，税收征管难度大并容易产生执法风险。

下一步，税务总局将进一步完善制度措施，加强土地增值税征管。一是加强税收政策宣传，做好政策解读；二是加强调查研究，及时处理清算中发现的新问题，进一步完善土地增值税政策；三是继续加强督导检查，推动土地增值税清算工作全面深入开展；四是强化科学管理，坚持信息管税，加强土地增值税管理信息系统建设，严控核定征收，防止税款流失。

明确中国（上海）自由贸易试验区内企业以非货币性资产对外投资等资产重组行为有关企业所得税政策问题

To Justify Deferred Corporate Income Tax Payment Policies Concerning Enterprises Registered within the China (Shanghai) Pilot Free Trade Zone and Involved in Outbound Investment with Non-monetary Assets and Other Assets Restructuring Activities

2013年11月15日，财政部、国家税务总局联合发布《关于中国（上海）自由贸易试验区内企业以非货币性资产对外投资等资产重组行为有关企业所得税政策问题的通知》（以下简称《通知》），明确试验区企业以非货币性资产对外投资等资产重组行为企业所得税递延纳税政策有关问题。

一、政策出台的背景和意义

建立中国（上海）自由贸易试验区，是党中央、国务院作出的重大决策，是深入贯彻党的十八大精神，在新形势下推进改革开放的重大举措，对加快政府职能转变、积极探索管理模式创新、促进贸易和投资便利化、全面深化改革和扩大开放探索新途径、积累新经验等具有重要意义。其目标是在试验区形成可复制、可推广的经验，发挥试验区示范带动、服务全国的积极作用。

《国务院关于印发中国（上海）自由贸易试验区总体方案的通知》（国发〔2013〕38号）明确了中国（上海）自由贸易试验区实施促进企业投资的税收政策，即注册在试验区内的企业，因非货币性资产对外投资等资产重组行为而产生的资产评估增值，可在不超过5年期限内，分期缴纳企业所得税。

为贯彻落实国务院的相关规定，保证上述递

延纳税政策执行到位，财政部和国家税务总局联合下发了《通知》，对试验区内企业以非货币性资产对外投资等资产重组行为递延纳税政策的执行口径进行了进一步明确，并对税务机关加强政策后续管理提出要求。

拟定该项政策主要基于以下三个方面因素考虑：一是鉴于纳税人在以非货币性资产对外投资过程中，尚未取得可供纳税的现金流，而且非货币性资产投资涉及的金额一般较大，如果要求纳税人按规定在当期缴纳企业所得税，会导致纳税人较大的现金流压力。二是按照税收中性原则，为缓解纳税人的资金压力，减少对纳税人经营的影响，可以对以非货币资产对外投资等资产重组行为产生的资产评估增值部分，在纳税时点上予以适当递延。三是试点政策是对现行重组税收政策的有效补充，将进一步减轻企业投资者由于税收带来的现金流压力，有利于鼓励试验区内企业增加对外投资，盘活非货币性资产，促进生产要素的合理流动，提升企业资本运营的能力。

二、政策的主要内容

《通知》重点围绕政策涉及的相关概念、适用范围、执行边界、政策操作和后续管理等内容进行了说明，具体内容包括：

（一）明确适用范围

根据国务院规定，可以适用于非货币性资产投资享受递延纳税待遇的范围仅限于注册在试验区内并在试验区内经营、实行查账征收的居民企业。非货币性资产投资形式包括以非货币性资产出资成立新公司，还包括《财政部 国家税务总局关于企业重组业务企业所得税处理若干问题的通知》（财税〔2009〕59号）第一条规定的股权收购、资产收购。如果企业能够适用财税〔2009〕59号文件规定的特殊性税务处理，企业可以选择适用特殊性税务处理或按此递延纳税政策处理。

（二）收入确认和所得计算

考虑到以非货币性资产投资既涉及资产所有权的转移，又涉及股权的确认，因此将非货币性资产转让收入确认的时点确定为投资协议生效且完成资产实际交割并办理股权登记手续时，并规定按评估后确认的非货币性资产公允价值扣除计税基础后的余额，计算确认非货币性资产转让所得。

（三）递延纳税的制度设计

企业以非货币性资产进行投资可以分解为转让非货币性资产和投资两项业务，其中转让非货币性资产的收入应按评估后的公允价值确认，按原有政策规定企业取得资产转让收入，不论是以货币形式、还是非货币形式体现，除另有规定外，均应一次性计入确认收入的年度计算缴纳企业所得税。国务院对试验区的上述转让非货币性资产采取了5年内递延纳税的税务处理，《通知》对5年递延纳税政策进行了更为精准的表述。即在不超过5年期限内，分期均匀计入相应年度的应纳税所得额，按规定计算缴纳企业所得税。同时，为防止企业滥用政策，明确企业在对外投资5年内转让上述股权、投资收回或投资企业注销的，应停止执行递延纳税政策，并将递延期内尚未计入的非货币性转让所得一次性计算缴纳企业所得税。对企业取得股权的计税基础应以非货币性资产原计税基础，加上每年计入的非货币性资产转让所得，逐年进行调整。被投资企业的取得非货币性资产的计税基础按其评估后的公允价值确定。

（四）征收管理

为加强对企业以非货币性资产投资递延纳税的管理，《通知》明确企业应向主管税务机关办理递延纳税备案登记手续。同时，明确相关企业应建立台账，反映递延所得总额、当年计入金额和以后年度待结转额，并在相应年度的企业所得税汇算清缴时就相关情况向主管税务机关做出书面说明。另外，《通知》还要求主管税务机关通过信息比对和风险评估等手段，加强该项政策的后续管理。

出台企业年金 职业年金个人所得税递延纳税政策

To Release Policies Concerning the Deferred IIT (Individual Income Tax) Payment for Enterprise Annuity and Occupational Annuity

2013年12月6日，为促进我国多层次养老保险体系的发展，财政部、人力资源社会保障部、国家税务总局发布《关于企业年金 职业年金个人所得税有关问题的通知》（以下简称《通知》）。财政部税政司、人力资源社会保障部养老保险司、国家税务总局所得税司有关负责人就企业年金、职业年金个人所得税问题进行了答记者问，对相关政策问题予以解读。

一、问：什么是企业年金和职业年金？

答：我国养老保险体系主要包括基本养老保险、补充养老保险和个人储蓄性养老保险三个层次，其中，补充养老保险包括企业年金和职业年金。企业年金主要针对企业，是指根据《企业年金试行办法》（原劳动和社会保障部令第20号）等国家相关政策规定，企业及其职工在依法参加基本养老保险的基础上，自愿建立的补充养老保险制度。职业年金主要针对事业单位，是指根据《事业单位职业年金试行办法》（国办发〔2011〕37号）等国家相关政策规定，事业单位及其职工在依法参加基本养老保险的基础上，建立的补充养老保险制度。

二、问：什么是企业年金和职业年金递延纳税政策？

答：所谓递延纳税，是指在年金缴费环节和年金基金投资收益环节暂不征收个人所得税，将纳税义务递延到个人实际领取年金的环节，也称EET模式（E代表免税，T代表征税）。EET模式是西方发达国家对企业年金普遍采用的一种税收优惠模式。据了解，OECD国家中，法国、德国、美国、日本等多数国家均选择了EET模式。此次出台企业年金、职业年金个人所得税递延纳税政策，是我们在研究借鉴发达国家通行做法的基础上，结合我国实际对年金个人所得税政策体系的完善。

三、问：为什么要出台企业年金和职业年金个人所得税递延纳税政策？

答：完善养老保险制度、提高全民养老保障水平、加快推进多层次养老保险体系建设，是养老保险制度改革的重要目标。我国从20世纪80年代开始对企业职工基本养老保险制度实施改革，1991年明确了建立基本养老保险、补充养老保险和个人储蓄性养老保险相结合的多层次养老保险体系的目标。经过二十多年的发展，我国养老保险覆盖面逐步扩大，保障水平逐步提高，但多层次养老保险体系发展很不平衡，基本养老保险覆盖到大部分城镇就业人群，而补充养老保险和个人储蓄性养老保险发展比较缓慢。为进一步推动养老保险体系建设，2013年国务院批准发布了《关于深化收入分配制度改革的若干意见》，提出“完善基本养老保险制度。发展企业年金和职业年金，发挥商业保险补充性作用”；党的十八届三中全会通过的《中共中央关于全面深化改革若干重大问题的决定》也明确提出“加快发展企业年金、职业年金、商业保险，构建多层次社会保障体系”。为贯彻落实党中央、国务院决策部署，进一步支持我国养老保险事业的发展，建立多层次养老保险体系，财政部、人力资源社会保障部、国家税务总局三部门研究出台了促进企业年金和职业年金发展的个人所得税递延纳税政策。

四、问：此次出台的企业年金和职业年金个人所得税递延纳税政策的主要内容是什么？

答：此次出台的企业年金和职业年金个人所得税政策既参考借鉴了发达国家采用的EET模式，也充分考虑了我国具体实际，具体内容包括：

1. 在年金缴费环节，对单位根据国家有关政策规定为职工支付的企业年金或职业年金缴费，在计入个人账户时，个人暂不缴纳个人所得税；个人根据国家有关政策规定缴付的年金个人缴费部分，在不超过本人缴费工资计税基数的4%标准内的部分，暂从个人当期的应纳税所得额中扣除。

2. 在年金基金投资环节，企业年金或职业年金基金投资运营收益分配计入个人账户时，暂不征收个人所得税。

3. 在年金领取环节，个人达到国家规定的退休年龄领取的企业年金或职业年金，按照“工资、薪金所得”项目适用的税率，计征个人所得税。

此次年金个人所得税政策出台后，年金参保者均可享受递延纳税的好处，相当一部分参保者还会在一定程度上降低个人所得税税负。

五、问：企业年金和职业年金递延纳税政策具体如何操作？

答：通常情况下，个人取得所得由支付所得单位负责代扣代缴个人所得税。也就是说，哪个单位支付了所得，就由哪个单位负责扣缴税款。

就年金所得来看，企业年金、职业年金涉及纳税义务主要集中在缴费和领取两个环节。在年金缴费环节，由个人所在单位在其缴费时，对超出免税标准的部分随同当月工资、薪金所得一并计算代扣个人所得税，并向其所在单位主管税务机关申报缴纳；在年金领取环节，由托管人在为个人支付年金待遇时，根据个人当月取得的年金所得、往期缴费及纳税情况计算扣缴个人所得税，并向托管人主管税务机关申报缴纳。

上述单位申报纳税时，要根据年金所得扣缴个人所得税情况填制《扣缴个人所得税报告表》，并通过网络、上门、介质等方式，向主管税务机关办理代扣代缴明细申报。

六、问：企业年金和职业年金个人所得税政策出台后，对纳税申报有何要求？

答：为便于税收征管，方便纳税人和扣缴义务人纳税，结合年金的运作特点，税务部门对建立年金计划、缴费和领取各环节的纳税申报及管理作出了如下要求：

1. 单位建立年金计划后，应在建立年金计划的次月15日内，向其所在地主管税务机关报送年金方案、人力资源社会保障部门出具的方案备案函、计划确认函以及主管税务机关要求报送的其他相关资料。年金方案、受托人、托管人发生变化的，应在发生变化的次月15日内重新向其主管税务机关报送上述资料，供税务部门登记备案。

2. 缴费环节，由个人所在单位为其计算扣缴个人所得税，并向主管税务机关申报解缴。

3. 领取环节，应纳税款由受托人代表委托人委托托管人代扣代缴。年金账户管理人应及时向托管人提供个人年金缴费及对应的个人所得税纳税明细。托管人根据受托人指令及账户管理人提供的资料，按照规定计算扣缴个人当期领取年金待遇的应纳税款，并向主管税务机关申报解缴。

单位和托管人在扣缴个人所得税时，必须按照税法规定实行全员全额扣缴明细申报。

建立年金计划的单位、委托人、受托人、账

户管理人之间要及时传递纳税相关的信息。受托人负责统筹协调并督促有关机构依法向税务部门办理扣缴申报及提供涉税资料。

七、问：此次出台的年金个人所得税政策与今后的企业年金、职业年金制度改革以及个人所得税改革如何衔接？

答：目前，人社部、财政部正在研究修改完善企业年金办法和职业年金办法。因此，此次出台的税收政策主要基于现行企业年金和职业年金办法的相关规定，今后将根据企业年金和职业年金办法修订情况，对税收政策作出进一步调整和完善。

此外，这次出台的年金政策是依据现行分类个人所得税制的相关规定，对个人退休后领取的企业年金或职业年金暂按“工资薪金所得”项目征税。今后实施综合与分类相结合的个人所得税制后，对个人退休后领取的企业年金或职业年金则按新税法的相关规定征税。

八、问：企业年金和职业年金个人所得税递延纳税政策公布后，有关部门应做好哪些工作？

答：企业年金和职业年金个人所得税递延政策公布后，各级财政、税务、人社等相关部门以及年金经办机构之间要加强协调配合，建立信息交换机制，及时做好相关准备工作，确保年金个人所得税政策的贯彻落实。同时，对纳税人关心的问题，及时作出解释说明，以便纳税人更清楚地了解此次政策调整的具体内容。

发布《税收协定相互协商程序实施办法》

To Release the Implementation Measures for a Tax Treaty Mutual Negotiation Procedure

为正确适用税收协定，解决国际税收争议，规范税务机关的相互协商工作，维护中国居民（国民）的合法利益，国家税务总局发布了《税收协定相互协商程序实施办法》（以下称新办法），替代《中国居民（国民）申请启动税务相互协商程序暂行办法》（国税发〔2005〕115号，以下称原办法）。

一、有何必要发布实施新办法？

随着国内税收政策的调整，以及我国的国际经济交往在深度和广度上的推进，税收协定的作用日显重要，在解释和适用税收协定时出现的分歧或争议也逐渐增多，提请启动相互协商程序解决争议案件（含对方主管当局和我国居民提请的相互协商）的数量明显上升。而现有规则不够完整，有些规定不细致、欠具体，难以保证相互协商案件处理的统一性、规范性和高效率。这种状况既不利于提高税务机关的工作效率，也不能有效维护国家税收权益和纳税人的合法利益。因此有必要在原办法的基础上，起草新的相互协商程序管理办法。

二、何为相互协商程序？在适用范围上，新办法与原办法有何异同？

按照新办法第二条的定义，相互协商程序是指税收协定缔约双方主管当局根据税收协定相互协商程序条款的规定，通过协商共同处理涉及税收协定解释和适用问题的过程。

原办法仅适用于中国居民（国民）申请启动相互协商程序的案件，新办法则扩大适用到缔约对方提请的相互协商案件和中国税务机关主动提请的相互协商案件，并明确了是否适用于特别纳税调整的相互协商案件。简而言之，新办法将适用于除特别纳税调整以外的所有相互协商案件。

三、中国居民（国民）可以就哪些事项向税务机关提请相互协商?

如果中国居民（国民）认为，缔约对方采取的措施，已经或将会导致不符合税收协定规定的征税行为的，均可就该措施向本国主管当局提请相互协商。结合相互协商实际情况，新办法第九条将相互协商程序事项归类为以下六项：

（一）对居民身份的认定存有异议，特别是相关税收协定规定双重居民身份情况下需要通过相互协商程序进行最终确认的。

（二）对常设机构的判定，或者常设机构的利润归属和费用扣除存有异议的。

（三）对各项所得或财产的征免税或适用税率存有异议的。

（四）违反税收协定非歧视待遇（无差别待遇）条款的规定，可能或已经形成税收歧视的。

（五）对税收协定其他条款的理解和适用出现争议而不能自行解决的。

（六）其他可能或已经形成不同税收管辖权之间重复征税的。

四、需要满足哪些条件，税务机关才能启动相互协商程序?

按照新办法第十四条规定，税务机关受理申请人申请，启动相互协商程序的条件设定为以下五项：

（一）申请人为按照本办法第九条或第十条规定可以提起相互协商请求的中国居民或中国国民。

（二）提出申请的时间没有超过税收协定规定的时限。

（三）申请协商的事项为缔约对方已经或有可能发生的违反税收协定规定的行为。

（四）申请人提供的事实和证据能够证实或者不能合理排除缔约对方的行为存在违反税收协定规定的嫌疑。

（五）申请相互协商的事项不存在本办法第十八条规定的情形。

对于不符合上款规定全部条件的申请，税务机关认为涉及严重双重征税或损害我国税收权益、有必要进行相互协商的，也可以决定接受。

五、在相互协商过程中，作为申请人的中国居民（国民）有哪些主要权利和义务?

相互协商作为在国内法律救济手段之外解决税收争议的补充渠道，需要设定申请者一些特定的权利和义务，这主要体现在以下方面：

（一）是否启动相互协商不以是否存在国内救济手段为条件；但申请人应自行负责采取相应措施保障其在缔约对方的国内救济权益。

（二）对于已经启动相互协商程序的案件，申请人有权向税务机关了解相互协商进展情况；同时申请人有义务及时向税务机关提供真实、完整和准确的相关资料。

（三）在相互协商过程中，申请人可以撤回相互协商申请，也可以拒绝接受相互协商结果；但申请人不得就相同或类似事项再次提出相互协商申请。

六、谁有权决定是否同意接受缔约对方主管当局的相互协商请求?在哪些情况下可以退回缔约对方主管当局的相互协商请求?

是否同意接受缔约对方主管当局的相互协商

请求，由国家税务总局征求相关税务机关意见后决定。属于以下情形之一的，税务总局可以退回缔约对方主管当局的相互协商请求：

（一）请求相互协商的事项不属于税收协定的适用范围的。

（二）纳税人提出相互协商的申请超过了税收协定相互协商条款规定的时限的。

（三）缔约对方主管当局的请求明显缺乏事实或法律依据的。

（四）缔约对方主管当局提供的事实和资料不完整、不清楚，使税务机关无法进行调查或核实的。

为最大可能地发挥相互协商作用，通过双边方式化解税务争议，虽属于上述一种或多种情形，但税务总局授权代表认为只要有利于避免双重征税、维护我国税收权益或促进经济合作的，仍可以同意缔约对方启动相互协商程序的请求。

七、如何执行双方主管当局在相互协商中达成的一致意见？

对于缔约对方主管当局提请的相互协商事项，双方主管当局达成一致意见的，由国家税务总局以公告形式发布相互协商结果；其中需要我方税务机关做退税或其他调整处理的，相关税务机关应在收到通知之日起三个月内执行完毕，并将情况报告给税务总局。

明确电信企业手续费及佣金支出税前扣除问题

To Justify Issues Concerning Pre-tax Deduction of Service Charge and Commission Fee by Telecommunication Enterprises

2013年10月10日，国家税务总局发布了《关于电信企业手续费及佣金支出税前扣除问题的公告》（以下简称《公告》），为便于纳税人和基层税务机关理解和执行，税务总局对该公告进行了解读。

一、《公告》出台的背景是什么？

2012年，国家税务总局发布了《关于企业所得税应纳税所得额若干税务处理问题的公告》（国家税务总局公告2012年第15号）（以下简称15号公告），其中第四条对电信企业手续费及佣金支出税前扣除问题进行了明确。公告下发后，一些纳税人和基层税务机关对公告所规范的电信企业手续费及佣金支出是否仅限于因委托销售电话入网卡、电话充值卡所支付的手续费及佣金支出有不同理解，要求总局就电信企业手续费及佣金支出税前扣除执行口径问题进一步予以明确。经过研究，国家税务总局就此问题下发了《公告》。

二、《公告》的主要内容是什么？是如何考虑的？

《公告》主要内容是：15号公告第四条所称电信企业手续费及佣金支出，仅限于电信企业在发展客户、拓展业务等过程中因委托销售电话入网卡、电话充值卡所发生的手续费及佣金支出。主要考虑如下：

15号公告第四条规定：电信企业在发展客

户、拓展业务等过程中（如委托销售电话入网卡、电话充值卡等），需向经纪人、代办商支付手续费及佣金的，其实际发生的相关手续费及佣金支出，不超过企业当年收入总额5%的部分，准予在企业所得税前据实扣除。在实际经营中，电信企业委托销售电话入网卡、电话充值卡，是否形成当期收入，具有不确定性，为了防止税收政策漏洞，对这部分支出税前扣除作了适当限制。对电信企业提供售后服务、增值服务以及其他日常服务等，属于提供销售劳务，不属于提供中介服务，相应地，电信企业为此支付的手续费及佣金，也不属于《财政部 国家税务总局关于企业手续费及佣金支出税前扣除政策的通知》（财税〔2009〕29号）所指的手续费及佣金支出范畴。综上，15号公告第四条所规范的仅限于电信企业在发展客户、拓展业务等过程中因委托销售电话入网卡、电话充值卡所支付的手续费及佣金支出。

调整出口退（免）税申报办法

Adjusting the Declaration Measures for Export Tax Rebate (Exemption)

2013年10月15日，国家税务总局发布《关于调整出口退（免）税申报办法的公告》（以下简称《公告》），对出口退（免）税申报办法进行了调整。

一、《公告》制定的背景

为减少出口企业或其他单位（以下简称“企业”）出口退（免）税申报的差错率和疑点，进一步提高申报和审批效率，加快出口退税进度，制定了《公告》。

二、《公告》的主要内容

（一）明确了企业进行正式退（免）税申报的前置条件。即：收齐按规定需向主管税务机关提供的退（免）税申报凭证和资料；按规定进行退（免）税预申报；经税务机关预申报审核，企业预申报的退（免）税凭证信息与退（免）税凭证管理部门的电子信息核对无误。

（二）明确了企业对税务机关预申报审核反馈结果中，因企业申报的退（免）税凭证信息无与之对应的相关退（免）税凭证管理部门的电子信息或电子信息核对不符，无法通过预申报审核的处理方法。

（三）明确了生产企业按《公告》进行退（免）税申报时，免抵退税不得免征和抵扣税额的计税依据，及生产企业在《公告》生效前已按原办法申报单证不齐或者信息不齐的出口货物劳务及服务的处理方法。

（四）明确了企业在退（免）税申报期到期时仍因申报的退（免）税凭证没有相关退（免）税凭证管理部门的电子信息或电子信息核对不符，无法通过预申报审核的，可以在退（免）税申报期截止之日前，向主管税务机关报送《公告》规定的资料，报送资料后其退（免）税正式申报时间不受退（免）税申报期限的限制。其目的是为了避免因信息传递问题，给企业造成损失。

（五）明确了符合《财政部 国家税务总局关于出口货物劳务增值税和消费税政策的通知》（财

税〔2012〕39号）第九条第（四）项规定的生产企业（即“先退税、后核销”的企业），不适用《公告》，其免抵退税申报仍按原办法执行。

三、《公告》的执行日期

《公告》自2014年1月1日起执行，以企业申报退（免）税的日期为准。

明确技术转让所得减免企业所得税有关问题

Making Clear Some Issues Concerning the Reduction and Exemption of Enterprise Income Tax on the Proceeds from Technology Transfers

2013年10月21日，国家税务总局发布《关于技术转让所得减免企业所得税有关问题的公告》（以下简称《公告》），明确关于技术转让所得减免企业所得税有关问题。

一、发文背景

《中华人民共和国企业所得税法》及其实施条例规定，企业技术转让所得可享受企业所得税减免税优惠。《国家税务总局关于技术转让所得减免企业所得税有关问题的通知》（国税函〔2009〕212号）规定：“技术转让收入是指当事人履行技术转让合同后获得的价款，不包括销售或转让设备、仪器、零部件、原材料等非技术性收入。不属于与技术转让项目密不可分的技术咨询、技术服务、技术培训等收入，不得计入技术转让收入。”而对于“密不可分”，文件没有规定具体的判定标准，在实际执行中，存在着不同的理解。为有利于企业所得税的征管工作，确有必要对该问题予以具体明确。

二、主要内容

（一）适用范围

《公告》规定，可以计入技术转让收入的技术咨询、技术服务、技术培训收入，是转让方为使受让方掌握所转让的技术投入使用、实现产业化而提供的必要的技术咨询、技术服务、技术培训所产生的收入。必要的技术咨询、技术服务、技术培训，是转让方为使受让方掌握所转让的技术投入使用、实现产业化而提供的咨询、服务和培训。而在技术投入使用、实现产业化后所提供的咨询、服务和培训，则不应是该转让技术投入使用所必需的咨询、服务和培训。而升级型的更新维护，则应是新的技术开发项目，应在国家知识产权管理部门另行备案，与原转让的技术投入使用并无必要关系。

（二）具备条件

《公告》规定，可以计入技术转让收入的技术咨询、技术服务、技术培训收入，应同时符合以下条件：

1. 在技术转让合同中约定的与该技术转让相关的技术咨询、技术服务、技术培训。

2. 技术咨询、技术服务、技术培训收入与该技术转让项目收入一同收取价款。

根据技术合同登记的有关规定，与技术转让相关的技术咨询、技术服务、技术培训，只能是在技术转让合同中约定的内容，即为掌握所转让的技术投入使用而提供的必要服务，而为产品售后、维护、升级等提供的技术咨询、技术服务、技术培训，不允许与技术转让合同混同，必须单独签订技术合同。在技术转让合同之外另行签订的技术咨询、技术服务、技术培训合同，已超出了技术转让必要的技术服务与指导事项，与技术开发并无紧密关系。如果将其列为税收优惠范围，则对鼓励技术开发、技术转让和国家税收政策的执行产生不利影响。

三、执行时间

《公告》规定，本公告从2013年11月1日起执行。此前已进行企业所得税处理的相关业务，不作纳税调整。

《国家税务总局关于技术转让所得减免企业所得税有关问题的通知》发布后，由于对文件存在不同的理解，因而不同地区的不同企业对该问题有着不同的处理方式，并已进行了相关年度的企业所得税汇算清缴。为避免产生新的矛盾，本着有利于纳税人的原则，《公告》规定从2013年11月1日起，以前已作税收处理的，可以不作纳税调整。

明确金融商品转让业务有关营业税问题

To Justify Several Issues Concerning Business Tax on the Transfer of Financial Products

根据《国家税务总局关于印发〈金融保险业营业税申报管理办法〉的通知》（国税发〔2002〕9号，以下简称“9号文”）第十四条规定，“金融商品转让业务，按股票、债券、外汇、其他四大类来划分”，同一大类不同品种金融商品买卖业务出现的正负差，可在同一个纳税期内按盈亏互抵后的余额为营业额计算缴纳营业税；但四大类间不得轧抵，应分别计算缴纳营业税。

近年来，国内金融市场和金融业务发生了显著变化，随着金融行业不断创新，新的衍生金融产品不断推出。根据9号文的解释规定，股指期货、外汇掉期等金融衍生品只能并入“其他”类，但这些新型金融商品与股票、外汇的关联度更高，很多时候属于同一投资组合的产品。

为支持金融行业发展，鼓励金融业务创新，税务总局发布了《国家税务总局关于金融商品转让有关营业税问题的公告》，取消对金融商品转让业务“四大类”间的限制，对所有金融商品买卖出现的正负差，在同一个纳税期内可以相抵，相抵后仍出现负差的，可结转下一个纳税期相抵，但年末仍出现负差的，不得转入下一个会计年度。

明确出口货物劳务增值税和消费税有关问题

To Justify Various Issues Concerning Value-added Tax and Consumption Tax on Export Goods and Labor Services

2013年11月13日，为进一步规范出口退税管理，严格执行出口货物劳务税收政策，国家税务总局制定发布了《国家税务总局关于出口货物劳务增值税和消费税有关问题的公告》（以下简称《公告》）。

一、《公告》的主要内容

（一）进一步完善明确的内容

1. 关于注销出口退税资格认定。《公告》进一步明确了未结清出口退（免）税款可以办理出口企业退（免）税资格认定注销的两种情况：一是出口企业向税务机关声明放弃已申报尚未办理的出口退（免）税并按规定申报免税，视同已结清税款；二是出口企业因合并、分立、改制重组等原因申请注销退（免）税资格认定的，可向主管税务机关申报《申请注销退（免）税资格认定企业未结清退（免）税确认书》并提供有关批准文件等资料。

2. 关于进料加工计划分配率。《公告》补充明确了以下两种情况进料加工计划分配率的确定方法：一是因上年无海关已核销手（账）册不能确定本年度进料加工业务计划分配率的，使用最近一次确定的“上年度已核销手（账）册综合实际分配率”作为本年度的计划分配率；二是生产企业可在向主管税务机关提供当年度预计的进料加工计划分配率及书面合理理由后，将预计的进料加工计划分配率作为该年度的计划分配率。

3. 补充了“合法有效的进货凭证”的种类。针对一些特殊业务的实际情况，《公告》对适用免税政策的出口货物留存企业备查的资料中的“合法有效的进货凭证”进行了补充：一是从依法拍卖单位购买的货物，为与拍卖人签署的成交确认书；二是通过资产重组方式设立的出口企业重组前企业无偿划转的货物，为资产重组文件、无偿划转的证明材料。

4. 规定了申请退（免）税申报延期与申报免税的衔接办法。现行政策规定，出口企业由于特殊原因导致不能按期进行退（免）税申报的，可按规定申请延期申报，应在申报期限截止之日前向主管税务机关提出申请，并逐级上报至省级国家税务局批准。考虑到如果省级国家税务局在免税申报截止之日后批复不予延期，可能会出现本可以按免税申报但又过了免税申报期的情况。因此，《公告》规定：若该出口货物符合其他免税条件，出口企业或其他单位应在批复的次月申报免税；次月未申报免税的，适用增值税征税政策。

（二）增加的内容

1. 增加了放弃全部适用退（免）税政策的规定。规定出口企业可以放弃全部适用退（免）税政策出口货物劳务的退（免）税，并选择适用增值税免税政策或征税政策，一旦放弃36个月内不得更改。

2. 完善了加工贸易委托加工费的退（免）税管理。规定委托加工的加工贸易出口企业申报退（免）税，如提供的加工费发票不是由加工贸易手（账）册上注明的加工单位开具的，出口企业须向主管税务机关书面说明，并提供主管海关出具的书面证明；否则，其对应的加工费不得抵扣或申报退（免）税。

3.《公告》明确了经报关进入或销售给特殊区域的货物按规定提供收汇凭证时可以提供收取人民币的凭证。

4. 加强了《代理出口货物证明》的开具管理。《公告》规定：受托企业申请开具《代理出口货物证明》时，应补充提供委托方主管税务机关签章的《委托出口货物证明》。

5. 加强外贸企业出口视同内销征税货物的管理。《公告》规定，外贸企业出口视同内销征税的货物，申请开具《出口货物转内销证明》时,需提供规定的凭证资料及计提销项税的记账凭证复印件；同时规定了税务机关不得出具《出口货物转内销证明》的情形。

6. 加强出口退税凭证资料及备案单证的管理。《公告》规定，出口企业按规定向国家商检、海关、外汇管理等对出口货物相关事项实施监管核查部门报送的资料中，属于申报出口退（免）税规定的凭证资料及备案单证的，如果上述部门或主管税务机关发现为虚假或其内容不实的，其对应的出口货物适用增值税征税政策。

（三）进一步简化申报手续

1. 明确了出口企业申报对外援助出口货物退（免）税时，不需提供商务部批准使用援外优惠贷款的批文（“援外任务书”）复印件和商务部批准使用援外合资合作项目基金的批文（“援外任务书”）复印件。

2. 出口企业向主管税务机关办理适用免税政策的出口货物劳务的免税申报手续，不再报送《免税出口货物劳务明细表》及其电子数据。

二、《公告》的执行时间

本公告自2014年1月1日起执行。

明确纳税人资产重组有关增值税问题

To Justify Some Issues Concerning Value-added Tax for Asset Restructuring of Taxpayers

2013年11月19日，国家税务总局发布《关于纳税人资产重组有关增值税问题的公告》（以下简称《公告》）。

一、《公告》出台背景

《国家税务总局关于纳税人资产重组有关增值税问题的公告》（国家税务总局公告2011年第13号，以下简称“13号公告”）发布后，在鼓励企业整合资源、兼并重组方面发挥了重要作用。近期部分地区税务机关反映，一些纳税人在进行资产重组时，将全部或者部分实物资产以及与其相关联的债权、负债通过多次转让，但最终的受让方与劳动力接收方为同一单位和个人，这种情形的资产重组中涉及的货物转让行为是否征收增值税，请求总局予以明确。

二、为什么说纳税人在资产重组过程中，通过合并、分立、出售、置换等方式，将全部或者部分实物资产以及与其相关联的债权、负债经多次转让后，最终的受让方与劳动力接收方为同一单位和个人的，仍适用13号公告规定?

这种转让方式虽然不是一次性转让资产、负债和劳动力，但最终结果是实现了全部或部分实物资产以及与其相关联的债权、负债和劳动力全部转让给了同一单位和个人，应视为“一并转让”，对其中涉及的货物多次转让行为均不应征收增值税。为此税务总局研究出台了《国家税务总局关于纳税人资产重组有关增值税问题的公告》，作为对13号公告的补充和完善。

明确企业维简费支出企业所得税税前扣除问题

To Justify Various Issues Concerning Pre-tax Deduction of Corporate Income Tax on Expenses for Maintaining Simple Reproduction

2013年11月28日，国家税务总局发布了《关于企业维简费支出企业所得税税前扣除问题的公告》（以下简称《公告》），为便于纳税人和基层税务机关理解和执行，税务总局对《公告》进行了解读。

一、《公告》出台的背景是什么？

2011年，税务总局发布了《关于煤矿企业维简费和高危行业企业安全生产费用企业所得税税前扣除问题的公告》（国家税务总局公告2011年第26号，以下简称26号公告），明确了煤矿企业维简费的税务处理，即煤矿企业按照有关规定预提的维简费，不得税前扣除，但实际发生的维简费支出，允许按企业所得税法规定税前扣除。同时，对2008年以来煤矿企业维简费的税务处理如何衔接进行了规定。但26号公告是针对煤矿企业维简费税务处理的，其他按规定提取维简费的企业如何进行税务处理并没规定，导致这些企业无所适从，各地执行口径不一。针对这一问题，税务总局研究下发了《公告》。

二、按规定提取维简费的企业，如何进行维简费的所得税处理？

《公告》对企业按照有关规定预提的维简费，明确不得在当期税前扣除。但企业实际发生的维简费支出，属于收益性支出的，可作为当期费用税前扣除；属于资本性支出的，应计入有关资产成本，并按《企业所得税法》规定计提折旧或摊销费用在税前扣除。这一处理原则与26号公告相同。

考虑到按照有关规定提取维简费的企业，其维简费的税务处理原则应该一致，为保证政策公平，《公告》将26号公告的处理原则扩大到所有按规定提取维简费的企业。鉴于26号公告仍然有效，因而煤矿企业不执行本公告，继续执行26号公告。

三、《公告》发布前，非煤矿企业按规定提取的维简费如何进行企业所得税处理？

考虑到《公告》发布之前，各地的税务处理可能并不一致，为充分保障纳税人权益，拟对非煤矿企业2008年至《公告》发布之前提取维简费的税务处理不再追溯调整，这一处理原则也与26号公告一致。具体处理如下：

（一）尚未使用的维简费，并未作纳税调整的，可不作纳税调整，应首先抵减2013年实际发生的维简费，仍有余额的，继续抵减以后年度实际发生的维简费，至余额为零时，企业方可按照本公告第一条规定执行；已作纳税调整的，不再调回，直接按照本公告第一条规定执行。

（二）已用于资产投资并形成相关资产全部成本的，该资产提取的折旧或费用摊销额，不得税前扣除；已用于资产投资并形成相关资产部分成本的，该资产提取的折旧或费用摊销额中与该部分成本对应的部分，不得税前扣除；已税前扣除的，应调整作为2013年度应纳税所得额。

发布《航空运输企业增值税征收管理暂行办法》

To Release the Interim Administrative Measures for the Collection of Value-added Tax from Air Transport Enterprises

2013年11月28日，为解决营业税改征增值税试点期间航空运输企业总分机构缴纳增值税问题，国家税务总局出台《关于发布〈航空运输企业增值税征收管理暂行办法〉的公告》。

一、制定《办法》的背景

上海、北京等地区试点以来，为解决国航、东航、南航等航空运输企业"营改增"期间增值税缴纳问题，国家税务总局和财政部以财税字文件下发了《总分机构试点纳税人增值税计算缴纳暂行办法》和《关于部分航空公司执行总分机构试点纳税人增值税计算缴纳暂行办法的通知》，同时国家税务总局还以公告的形式下发了税收征管方面的《营业税改征增值税试点期间航空运输企业增值税征收管理暂行办法》。上述三个文件互相配套，满足了航空运输企业总分机构缴纳增值税的政策和征管需要。文件的核心内容，是允许总机构汇总计算企业集团的应交增值税，抵减分支机构已经缴纳的增值税和营业税后申报入库。

2013年8月1日"营改增"试点在全国推行后，航空运输企业在各地的分支机构均纳入了试点范围，非试点地区分支机构缴纳营业税等问题已不存在，原有的政策和征管文件均需要修订后重新下发。此外，此次纳入试点的地区中，还有海航、川航、山航等航空运输企业也面临总分机构分离、需要汇总纳税的问题。

鉴于以上情况，11月1日，财政部、国家税务总局联合印发了《关于重新印发〈总分机构试点纳税人增值税计算缴纳暂行办法〉的通知》（财税〔2013〕74号）和《关于部分航空运输企业总分机构增值税计算缴纳问题的通知》（财税〔2013〕86号）。作为征管配套文件，《国家税务总局关于发布〈航空运输企业增值税征收管理暂行办法〉的公告》进行了相应修订。

二、《办法》的适用范围

本《办法》适用于经财政部和国家税务总局批准，按照《总分机构试点纳税人增值税计算缴纳暂行办法》计算缴纳增值税的航空运输企业。

三、《办法》的主要内容

除了对航空运输企业增值税计算缴纳问题进行细化之外，《办法》主要明确了总分机构一般纳税人认定、分支机构税款缴纳情况如何传递、总分机构纳税期限、年终清算办法以及风险防控等具体税收征管问题。

明确非居民企业股权转让适用特殊性税务处理有关问题

To Justify Some Issues Concerning the Special Tax Treatment Applicable to Equity Transfer by Non-resident Enterprises

2013年12月12日，为规范和加强非居民企业股权转让适用特殊性税务处理的管理，国家税务总局发布《关于非居民企业股权转让适用特殊性税务处理有关问题的公告》（以下简称《公告》）。

一、《公告》出台背景

《财政部　国家税务总局关于企业重组业务企业所得税处理若干问题的通知》（财税〔2009〕59号，以下称59号文）、《国家税务总局关于加强非居民企业股权转让所得企业所得税管理的通知》（国税函〔2009〕698号，以下称698号文）以及《企业重组业务企业所得税管理办法》（国家税务总局公告2010年第4号，以下称4号公告）下发后，由于未对非居民企业发生股权转让适用特殊性税务处理的问题进行具体规范，导致有的非居民企业不能选择特殊性税务处理，也增加了税务执法风险。鉴于此，依据税法的有关规定，制定本《公告》。《公告》分为十条，主要明确了非居民企业股权转让适用特殊性税务处理的主导方、备案资料、备案程序及对未分配利润的税务处理等内容。

二、主要内容

（一）明确主导方

非居民企业股权转让适用特殊性税务处理的前置条件是发生59号文第七条第（一）、（二）项情形，第（一）项是非居民企业转让给另一非居民企业，由于后者在境外，通常无法履行扣缴义务，故《公告》规定由转让方向被转让企业所在地主管税务机关备案；第（二）项是非居民企业转让给居民企业，后者既是法定扣缴义务人亦有主管税务机关，故《公告》规定由受让方向其所在地主管税务机关备案。

（二）明确备案资料

在参考698号文及4号公告等有关规定的基础上，《公告》第三条规定了非居民企业股权转让适用特殊性税务处理时需要提交资料的内容，并设计了《非居民股权转让适用特殊性税务处理备案表》（以下简称《备案表》）。《备案表》主要包括受让方、转让方和被转让企业的名称、所属国家（地区）、所属主管税务机关，转让方持有的股权占被转让企业全部股权的比例、交易总额及股权支付金额和比例等内容。《备案表》一式两份，备案人和主管税务机关各留存一份，省级税务机关留存复印件即可。

《公告》第三条同时明确，对备案人已经向税务机关提报的资料，不再重复报送，旨在减轻纳税人负担，优化纳税服务。

（三）明确备案程序和相关规定

为规范各级税务机关的责任和权限，提高工作效率，《公告》对税务机关内部运转程序予以明确，并提出了完成时限。《公告》第四条规定对备案人提报的资料齐全的，税务机关要当场在《备案表》上签字盖章，并将其中一份《备案表》交备案人留存；不齐全的，不予受理，并一次性告知备案人补正，待补正后再提交。同时，第五条和第六条规定主管税务机关在受理备案30个工作日内对备案事项进行调查核实、提出处理意见，并将全部备案资料以及处理意见层报省级税务机关。

同时，《公告》第五条和第六条分别对属于59号文第（一）项和第（二）项的非居民企业发生股权转让适用特殊性税务处理的程序进行了明确。

第五条规定，非居民企业发生股权转让属于59号文第七条第（一）项情形的，直接向主管税务机关备案即可。

对于非居民企业股权转让属于59号文第七条第（二）项情形的，由于在实际操作中会存在被转让企业和受让方在同一省和不在同一省或分别由国、地税管辖的情况，《公告》分别进行了明确。

1. 受让方和被转让企业在同一省市且同属国税或地税机关管辖的，按照《公告》第五条规定执行。

2. 受让方和被转让企业不在同一省市或分别由国、地税管辖的，为保证税务处理的一致性，需要受让方所在地省级税务机将受理情况以书面方式告知被转让企业所在地省级税务机关，并通过设计使用《非居民企业股权转让适用特殊性税务处理告知函》（简称《告知函》）规范告知内容。

此外，对59号文第（一）项中“没有因此造成以后该项股权转让所得预提税负担变化”作出明确规定，即税务机关在事后调查核实时，如发现此种股权转让情形造成以后该项股权转让所得预提税负担变化，包括由应征税的国家或地区转让到按税收协定（含税收安排）不征税或低税率的国家或地区，应不予适用特殊性税务处理。

（四）明确对未分配利润的处理

在实际操作中，对未分配利润的处理存在以下问题：一是部分税务机关在受理非居民企业股权转让适用特殊性税务处理备案时，因担心失去对转让前股息所得税的征税权，仅仅因为被转让企业存在未分配利润便判定其股权转让不具有合理的商业目的而不予备案；二是要求被转让企业在股权转让前将未分配利润进行分配并扣缴股息所得税。同时，各地对未分配利润的征税权也存在争议。这些都需要总局明确，否则既影响非居民企业股权转让适用特殊性税务处理的正常备案，也加大了税务机关的执法风险。

为此，为给非居民企业及时享受特殊性税务处理提供税收上的确定性，防范非居民企业利用重组避税或延迟纳税，《公告》第八条规定：一是对被转让企业转让前后的未分配利润进行区分；二是对转让方和受让方不在同一国家（地区）的，被转让股权转让前的未分配利润在转让后分配的，不享受税收协定的优惠税率待遇。例如，某美国企业将其100%控股的中国居民企业的股权转让给其100%控股的某香港企业，中国居民企业在被转让后分配其转让前的未分配利润给香港企业的，不能享受内地与香港税收安排对股息所得减按5%的优惠税率。

第八条还规定，对股权转让前的股息所得税由被转让企业履行扣缴义务并到其所在地主管税务机关申报缴纳。

（五）其他事项

1. 关于实施时间，根据立法法和总局有关规定，自《公告》发布之日起施行。对实施之前发生的非居民企业股权转让适用特殊性税务处理尚未处理的相关事项，可依据本《公告》规定执行。

2. 关于698号文的规定。鉴于对非居民股权转让适用特殊性税务处理实行备案制，原698号文第九项规定的由省级税务机关核准的内容应废止。故将698号文第九项同时废止。

明确促进残疾人就业增值税优惠政策有关问题

To Justify Certain Issues Concerning the Preferential VAT Policies Facilitating the Employment of Disabled Persons

2013年12月13日，为促进残疾人就业，国家税务总局发布《关于促进残疾人就业增值税优惠政策有关问题的公告》（以下简称《公告》）。

一、《公告》出台的背景

根据部分地区反映，当地有关部门就企业聘用非全日制工资发放形式的残疾人，能否享受增值税优惠政策存在异议，特报来请示，请求总局对该问题予以明确。

二、为什么说聘用非全日制用工的残疾人，符合《财政部 国家税务总局关于促进残疾人就业税收优惠政策的通知》（财税〔2007〕92号，以下简称“92号通知”）有关规定，可以享受增值税优惠政策？

92号通知出台的目的是促进残疾人就业，对企业采取何种形式安排残疾人上岗工作，是企业自主经营的权利，只要符合法律规定，符合残疾人就业人群的利益，就应受到法律保护。

根据《中华人民共和国劳动合同法》，非全日制用工是法律规定的用工形式之一。因此，《公告》规定，92号通知第五条第一款“依法与安置的每位残疾人签订了一年以上（含一年）的劳动合同或服务协议”中的“劳动合同或服务协议”，包括以全日制工资发放形式和非全日制工资发放形式的劳动合同或服务协议。安置残疾人单位聘用非全日制用工的残疾人，与其签订符合法律法规规定的劳动合同或服务协议，并符合92号通知相关规定的，可享受92号通知规定的增值税优惠政策。

明确营业税改征增值税试点增值税一般纳税人资格认定有关事项

To Justify Some Issues Concerning the Recognition of the Qualification of General Taxpayers of Value-added Tax in the VAT Pilot Reform

2013年12月16日，为配合营业税改征增值税试点扩围，国家税务总局制定发布《关于营业税改征增值税试点增值税一般纳税人资格认定有关事项的公告》（以下简称《公告》）。

一、《公告》制定的背景和适用范围

2014年1月1日起，铁路运输和邮政业将纳入“营改增”试点，为配合相关政策规定的施行，税务总局制定发布了《公告》，适用于纳入“营改增”试点范围的纳税人。

二、试点实施前后“应税服务年销售额”的确定

《公告》中明确，试点纳税人试点实施前的应税服务年销售额按以下公式换算：应税服务年销售额=连续不超过12个月应税服务营业额合计÷（1+3%）。按照现行营业税规定差额征收营业税的试点纳税人，其应税服务营业额按未扣除之前的营业额计算。

试点实施后，按规定在确定销售额时可以差额扣除的试点纳税人，其应税服务年销售额按未扣除之前的销售额计算。

三、增值税一般纳税人资格认定程序

（一）试点实施前已取得增值税一般纳税人资格并兼有应税服务的试点纳税人，不需要重新申请认定，由主管税务机关制作、送达《税务事项通知书》，告知纳税人。

（二）试点实施前应税服务年销售额未超过500万元的试点纳税人，如符合相关规定条件（会计核算健全，能够提供准确税务资料等），也可以向主管税务机关申请增值税一般纳税人资格认定。

（三）考虑到在试点实施前，各级税务机关需要做大量前期准备工作，需认定为增值税一般纳税人的试点纳税人也较为集中，为确保“营改增”试点工作的顺利推进，《公告》规定由省国税局（包括省、自治区、直辖市和计划单列市国家税务局）结合工作需要，在试点实施前按照本公告及相关规定制定预认定措施。在试点实施之后，增值税一般纳税人资格认定应严格按照《增值税一般纳税人资格认定管理办法》（国家税务总局令第22号）及相关规定执行。

四、相关政策规定的适用

（一）认定标准的适用

试点纳税人兼有销售货物、提供加工修理修配劳务以及应税服务的，应税货物及劳务销售额与应税服务销售额应分别计算，分别适用增值税一般纳税人资格认定标准。

（二）纳税人选择按照小规模纳税人纳税的政策适用

《增值税暂行条例》及其实施细则和《营业税改征增值税试点实施办法》中，分别对销售货物及提供加工修理修配劳务的纳税人和提供应税服务的试点纳税人，选择按照小规模纳税人纳税的适用条件进行了规定，但都未明确兼有销售货物、提供加工修理修配劳务以及应税服务的纳税人如何适用相关政策，《公告》对此进行了补充，即：兼有销售货物、提供加工修理修配劳务以及应税服务，且不经常发生应税行为的单位和个体工商户可选择按照小规模纳税人纳税。

明确铁路运输和邮政业营业税改征增值税发票及税控系统使用问题

To Justify Issues concerning the Use of VAT Invoices and Tax Control System for the Railway Transportation and Postal Service Industries in VAT Reform

2013年12月18日，为保障铁路运输和邮政业营业税改征增值税试点工作顺利实施，国家税务总局发布《关于铁路运输和邮政业营业税改征增值税发票及税控系统使用问题的公告》（以下简称《公告》）。

一、《公告》发布背景

2014年1月1日铁路运输和邮政业实施营业税改征增值税试点后，其使用的发票应纳入增值税发票管理，为此，税务总局制定发布《公告》，对铁路运输和邮政业“营改增”后发票及税控系统使用问题进行了明确。

二、铁路运输和邮政业纳税人发票使用规定

（一）增值税一般纳税人（以下简称一般纳税人）提供铁路运输服务的，使用货物运输业增值税专用发票（以下简称货运专票）和普通发票；提供邮政服务的，使用增值税专用发票和普通发票。

（二）中国铁路总公司及其所属运输企业（含分支机构）可暂延用其自行印制的铁路票据，其他提供铁路运输服务的纳税人以及提供邮政服务的纳税人，其普通发票的使用由各省国税局确定。

（三）《中华人民共和国发票管理办法》第二十五规定：除国务院税务主管部门规定的特殊情形外，发票限于领购单位和个人在本省、自治区、直辖市内开具。省、自治区、直辖市税务机关可以规定跨市、县开具发票的办法。第二十六条规定：除国务院税务主管部门规定的特殊情形外，任何单位和个人不得跨规定的使用区域携带、邮寄、运输空白发票。铁路运输行业由于其经营模式的特殊性，存在提供铁路运输服务的纳税人有2个以上开票点且分布在不同省（自治区、直辖市）的，《公告》明确其可以携带空白发票并在开票点所在地开具。

三、铁路运输和邮政业纳税人税控系统使用规定

一般纳税人提供铁路运输服务开具货运专票的，使用货物运输业增值税专用发票税控系统（以下简称货运专票税控系统）；提供运输服务以外的其他增值税应税项目开具增值税专用发票的，使用增值税防伪税控系统。

四、提供铁路运输服务的纳税人开具货运专票规定

（一）简化提供铁路运输服务的纳税人开具红字货运专票流程：一般纳税人提供铁路运输服务开具货运专票后，因开票有误且不符合发票作废条件，需要开具红字货运专票的，如同时符合“1. 实际受票方拒收或者承运人尚未将货运专票交付实际受票方；2. 发票联次齐全，实际受票方未认证发票”这两个条件，可不再向主管税务机关填报《开具红字货物运输业增值税专用发票申

请单》，直接在货运专票税控系统中以销项负数开具红字货运专票。需要提示的是：开具红字货运专票时应将对应的蓝字发票代码、号码打印在发票备注栏中。

上述情形之外的一般纳税人按照《国家税务总局关于在全国开展营业税改征增值税试点有关征收管理问题的公告》（国家税务总局公告2013年第39号）第四条第（四）项规定的流程开具红字货运专票，并将《开具红字货物运输业增值税专用发票通知单》编号打印在发票备注栏中，需要提示的是：不需打印对应的蓝字发票代码、号码。

（二）为减轻铁路运输企业开票负担，《公告》明确其受托代征的印花税款信息，可填写在货运专票“运输货物信息”栏中。

明确落实节能服务企业合同能源管理项目企业所得税优惠政策有关征收管理问题

To Justify Some Collection and Administration Issues relating to the Implementation of Preferential Corporate Income Tax Policies for Energy Efficiency Companies' Energy Management Contract (EMC) Projects

2013年12月17日，为鼓励企业采用合同能源管理模式开展节能服务，规范合同能源管理项目企业所得税管理，国家税务总局、国家发展改革委发布《关于落实节能服务企业合同能源管理项目企业所得税优惠政策有关征收管理问题的公告》（以下简称《公告》）。

一、发文背景

为鼓励企业运用先进的合同能源管理机制，加大节能减排工作力度，2010年年底，税务总局会同国家发展改革委、财政部等相关部门，研究出台了《关于促进节能服务产业发展增值税、营业税和企业所得税政策问题的通知》（财税〔2010〕110号），从2011年1月1日起正式实施。在该通知中，对业界普遍关心的企业所得税优惠政策问题，以及实施合同能源管理项目过程中所涉及的资产税务处理问题、权属转移过程中的收入确认等问题，都作出了具体而合理的规定。为进一步规范与界定外部门对此类涉税项目的前置管理、加强各部门间的协调配合等问题，为征纳双方提供更加明晰的指引，切实将国家税收优惠政策落到实处，堵塞税收漏洞，共同推动做好合同能源管理事业的健康发展，在财税〔2010〕110号文件规定基础上，有必要对落实合同能源管理项目企业所得税优惠政策过程中涉及的具体管理问题加以明确。

二、主要内容

（一）实施节能效益分享型合同能源管理项目的节能服务企业，符合规定条件的，可享受企业所得税“三免三减半”优惠政策。依据现行企业所得税优惠原则，该类项目应具备查账征收条件，实行核定征收的不得享受优惠政策。

（二）对节能效益分享型合同期短于定期减

免税优惠期的处理问题，按照孰低原则，规定对效益分享期短于6年的，可以按合同约定的实际效益分享期享受上述定期减免税优惠。

（三）财税〔2010〕110号文件第二条第（二）款第2项规定“能源管理合同期满后，节能服务公司转让给用能企业的因实施合同能源管理项目形成的资产，按折旧或摊销期满的资产进行税务处理”，按照应税收入与税前扣除匹配的原则，避免这部分资产因税法规定折旧或摊销年限大于合同约定管理年限而未折旧期满或摊销结束，《公告》规定这部分资产的折旧或摊销年限，应与合同约定的效益分享期保持一致。即，有关投资项目所发生的支出应按税法规定作资本化或费用化处理。形成的固定资产或无形资产，应按合同约定的效益分享周期计提折旧或摊销。

（四）对于在合同约定的效益分享期内发生的期间费用，《公告》确定了合理分摊的具体办法。即，期间费用的分摊应按照投资额和销售（营业）收入额二个因素计算应分摊比例，二因素的权重各为50%。

（五）根据项目类优惠的管理实践及当前简化和取消行政审批的总体要求，《公告》对合同能源管理项目优惠实行事前备案管理。对涉及多个项目优惠的，要求企业按项目分别进行备案。并对备案时限及办理备案所需提供的资料作出了明确规定。

（六）根据征管法的有关规定，《公告》对管理中有关法律责任等问题做出了明确规定，同时要求税务部门设立节能服务企业项目管理台账和统计制度，并会同节能主管部门建立监管机制，共同做好相关管理工作。

（七）合同能源管理专业性强，实践中税务部门很难把握与操作，需要建立行业主管部门前置性把关制度，对申请享受企业所得税优惠的节能服务企业条件、合同能源管理项目性质、分享型合同等内容予以确认。为妥善处理简化行政审批与强化专业性前置审核确认的关系，真正以市场化手段解决市场问题，探索和建立税收优惠管理的有效机制，《公告》中引入了第三方审核机构确认把关机制。即，合同能源管理项目由国家发展改革委、财政部公布的第三方节能量审核机构负责确认，并出具合同能源管理项目情况确认表。同时要求该第三方审核机构在合同能源管理项目确认过程中要严格按照国家有关要求认真审核把关，确保审核结果客观真实。目前，一些地方对合同能源管理仍然政府有关部门管理，为此，文件规定，也可由政府节能主管部门出具合同能源管理项目确认意见。即，企业合同能源管理项目，经政府节能主管部门出具相关确认意见的，也可享受合同能源管理项目所得税优惠。

三、执行时间

《公告》自2013年1月1日起执行。本着有利于纳税人的原则，对《公告》下发前，已按有关规定享受税收优惠政策的，仍按原规定执行，尚未享受的，按本公告规定执行。

财政部 国家税务总局
关于中国（上海）自由贸易试验区内企业
以非货币性资产对外投资等资产重组行为
有关企业所得税政策问题的通知

Notice by the Ministry of Finance and the State Administration of Taxation on Corporate Income Tax Policies Concerning Enterprises Registered within the China (Shanghai) Pilot Free Trade Zone and Involved in Outbound Investment with Non-monetary Assets and Other Assets Restructuring Activities

财税〔2013〕91号

各省、自治区、直辖市、计划单列市财政厅（局）、国家税务局、地方税务局，新疆生产建设兵团财务局：

根据《国务院关于印发中国(上海)自由贸易试验区总体方案的通知》(国发〔2013〕38号)有关规定，现就中国（上海）自由贸易试验区（简称试验区）非货币性资产投资资产评估增值企业所得税政策通知如下：

一、注册在试验区内的企业，因非货币性资产对外投资等资产重组行为产生资产评估增值，据此确认的非货币性资产转让所得，可在不超过5年期限内，分期均匀计入相应年度的应纳税所得额，按规定计算缴纳企业所得税。

二、企业以非货币性资产对外投资，应于投资协议生效且完成资产实际交割并办理股权登记手续时，确认非货币性资产转让收入的实现。

企业以非货币性资产对外投资，应对非货币性资产进行评估并按评估后的公允价值扣除计税基础后的余额，计算确认非货币性资产转让所得。

三、企业以非货币性资产对外投资，其取得股权的计税基础应以非货币性资产的原计税基础为基础，加上每年计入的非货币性资产转让所得，逐年进行调整。

被投资企业取得非货币性资产的计税基础，可以非货币性资产的公允价值确定。

四、企业在对外投资5年内转让上述股权或投资收回的，应停止执行递延纳税政策，并将递延期内尚未计入的非货币性资产转让所得，在转让股权或投资收回当年的企业所得税年度汇算清缴时，一次性计算缴纳企业所得税；企业在计算股权转让所得时，可按本通知第三条第一款规定将股权的计税基础一次调整到位。

企业在对外投资5年内注销的，应停止执行递延纳税政策，并将递延期内尚未计入的非货币性资产转让所得，在歇业当年的企业所得税年度汇算清缴时，一次性计算缴纳企业所得税。

五、企业应于投资协议生效且完成资产实际交割并办理股权登记手续30日内，持相关资料向主管税务机关办理递延纳税备案登记手续。

主管税务机关应对报送资料进行审核，在规定时间内将备案登记结果回复企业。

六、企业应在确认收入实现的当年，以项目为单位，做好相应台账，准确记录应予确认的非货币性资产转让所得，并在相应年度的企业所得税汇算清缴时对当年计入额及分年结转额的情况做出说明。

主管税务机关应在备案登记结果回复企业的同时，将相关信息纳入系统管理，并及时做好企业申报信息与备案信息的比对工作。

七、主管税务机关在组织开展企业所得税汇算清缴后续管理工作时，应将企业递延纳税的执行情况纳入后续管理体系，并视风险高低情况，适时纳入纳税服务提醒平台或风险监控平台进行管理。

八、本通知所称注册在试验区内的企业，是指在试验区注册并在区内经营，实行查账征收的居民企业。

本通知所称非货币性资产对外投资等资产重组行为，是指以非货币性资产出资设立或注入公司，限于以非货币性资产出资设立新公司和符合《财政部　国家税务总局关于企业重组业务企业所得税处理若干问题的通知》（财税〔2009〕59 号）第一条规定的股权收购、资产收购。

九、本通知自印发之日起执行。

财政部　国家税务总局

2013 年 11 月 15 日

财政部　人力资源社会保障部　国家税务总局
关于企业年金　职业年金个人所得税有关问题的通知

Notice by the Ministry of Finance, the Ministry of Human Resources and Social Security and the State Administration of Taxation on Issues Concerning Individual Income Tax for Enterprise Annuity and Occupational Annuity

财税〔2013〕103号

各省、自治区、直辖市、计划单列市财政厅（局）、人力资源社会保障厅（局）、地方税务局，新疆生产建设兵团财务局、人力资源社会保障局：

为促进我国多层次养老保险体系的发展，根据个人所得税法相关规定，现就企业年金和职业年金个人所得税有关问题通知如下：

一、企业年金和职业年金缴费的个人所得税处理

1. 企业和事业单位（以下统称单位）根据国家有关政策规定的办法和标准，为在本单位任职或者受雇的全体职工缴付的企业年金或职业年金（以下统称年金）单位缴费部分，在计入个人账户时，个人暂不缴纳个人所得税。

2. 个人根据国家有关政策规定缴付的年金个人缴费部分，在不超过本人缴费工资计税基数的 4% 标准内的部分，暂从个人当期的应纳税所得额中扣除。

3. 超过本通知第一条第 1 项和第 2 项规定的标准缴付的年金单位缴费和个人缴费部分，应并入个人当期的工资、薪金所得，依法计征个人所得税。税款由建立年金的单位代扣代缴，并向主管税务机关申报解缴。

4. 企业年金个人缴费工资计税基数为本人上一年度月平均工资。月平均工资按国家统计局规定列入工资总额统计的项目计算。月平均工资超过职工工作地所在设区城市上一年度职工月平均工资 300% 以上的部分，不计入个人缴费工资计税基数。

职业年金个人缴费工资计税基数为职工岗位工资和薪级工资之和。职工岗位工资和薪级工资之和超过职工工作地所在设区城市上一年度职工月平均工资 300% 以上的部分，不计入个人缴费工资计税基数。

二、年金基金投资运营收益的个人所得税处理

年金基金投资运营收益分配计入个人账户时，个人暂不缴纳个人所得税。

三、领取年金的个人所得税处理

1. 个人达到国家规定的退休年龄，在本通知实施之后按月领取的年金，全额按照“工资、薪金所得”项目适用的税率，计征个人所得税；在本通知实施之后按年或按季领取的年金，平均分摊计入各月，每月领取额全额按照“工资、薪金所得”项目适用的税率，计征个人所得税。

2. 对单位和个人在本通知实施之前开始缴付年金缴费，个人在本通知实施之后领取年金的，允许其从领取的年金中减除在本通知实施之前缴付的年金单位缴费和个人缴费且已经缴纳个人所得税的部分，就其余额按照本通知第三条第 1 项的规定征税。在个人分期领取年金的情况下，可按本通知实施之前缴付的年金缴费金额占全部缴费金额的百分比减计当期的应纳税所得额，减计后的余额，按照本通知第三条第 1 项的规定，计算缴纳个人所得税。

3. 对个人因出境定居而一次性领取的年金个人账户资金，或个人死亡后，其指定的受益人或法定继承人一次性领取的年金个人账户余额，允许领取人将一次性领取的年金个人账户资金或余额按 12 个月分摊到各月，就其每月分摊额，按照本通知第三条第 1 项和第 2 项的规定计算缴纳个人所得税。对个人除上述特殊原因外一次性领取年金个人账户资金或余额的，则不允许采取分摊的方法，而是就其一次性领取的总额，单独作为一个月的工资薪金所得，按照本通知第三条第 1 项和第 2 项的规定，计算缴纳个人所得税。

4. 个人领取年金时，其应纳税款由受托人代表委托人委托托管人代扣代缴。年金账户管理人应及时向托管人提供个人年金缴费及对应的个人所得税纳税明细。托管人根据受托人指令及账户管理人提供的资料，按照规定计算扣缴个人当期领取年金待遇的应纳税款，并向托管人所在地主管税务机关申报解缴。

5. 建立年金计划的单位、年金托管人，应按照个人所得税法和税收征收管理法的有关规定，实行全员全额扣缴明细申报。受托人有责任协调相关管理人依法向税务机关办理扣缴申报、提供相关资料。

四、建立年金计划的单位应于建立年金计划的次月 15 日内，向其所在地主管税务机关报送年金方案、人力资源社会保障部门出具的方案备案函、计划确认函以及主管税务机关要求报送的其他相关资料。年金方案、受托人、托管人发生变化的，应于发生变化的次月 15 日内重新向其主管税务机关报送上述资料。

五、财政、税务、人力资源社会保障等相关部门以及年金机构之间要加强协调，通力合作，共同做好政策实施各项工作。

六、本通知所称企业年金，是指根据《企业年金试行办法》（原劳动和社会保障部令第 20 号）的规定，企业及其职工在依法参加基本养老保险的基础上，自愿建立的补充养老保险制度。所称职业年金是指根据《事业单位职业年金试行办法》（国办发〔2011〕37 号）的规定，事业单位及其工作人员在依法参加基本养老保险的基础上，建立的补充养老保险制度。

七、本通知自 2014 年 1 月 1 日起执行。《国家税务总局关于企业年金个人所得税征收管理有关问题

的通知》（国税函〔2009〕694号）、《国家税务总局关于企业年金个人所得税有关问题补充规定的公告》（国家税务总局公告2011年第9号）同时废止。

财政部　人力资源社会保障部　国家税务总局

2013年12月6日

国家税务总局关于发布《税收协定相互协商程序实施办法》的公告

Announcement by the State Administration of Taxation on Promulgating the Implementation Measures for Tax Treaties and Mutual Negotiation Procedure

国家税务总局公告2013年第56号

为正确适用税收协定，避免双重征税，解决国际税收争议，维护中国居民（国民）的合法利益和国家税收权益，规范与外国（地区）税务主管当局涉及税收协定的相互协商工作，国家税务总局制定了《税收协定相互协商程序实施办法》。现予发布，自2013年11月1日起施行。

特此公告。

附件：1. 启动税收协定相互协商程序申请表（略）

2. 税收协定相互协商程序异议申请表（略）

国家税务总局

2013年9月24日

税收协定相互协商程序实施办法

第一章　总　　则

第一条　为正确适用税收协定，避免双重征税，解决国际税收争议，维护中国居民（国民）的合法利益和国家税收权益，规范税务机关的相互协商工作，根据中华人民共和国政府对外签署的避免双重征税协定（含内地与香港、澳门特别行政区签署的税收安排，以下统称税收协定）、《中华人民共和国税收征收管理法》（以下简称税收征管法）及其实施细则以及其他有关法律法规规定，结合中国税收征管工作实际，制定本办法。

第二条 本办法所称相互协商程序，是指我国主管当局根据税收协定有关条款规定，与缔约对方主管当局之间，通过协商共同处理涉及税收协定解释和适用问题的过程。

相互协商程序的主要目的在于确保税收协定正确和有效适用，切实避免双重征税，消除缔约双方对税收协定的解释或适用产生的分歧。

第三条 相互协商的事项限于税收协定适用范围内的事项，但超出税收协定适用范围，且会造成双重征税后果或对缔约一方或双方利益产生重大影响的事项，经我国主管当局和缔约对方主管当局同意，也可以进行相互协商。

第四条 我国负责相互协商工作的主管当局为国家税务总局（以下简称税务总局）；处理相互协商程序事务的税务总局授权代表为税务总局国际税务司司长或副司长，以及税务总局指定的其他人员。

省、自治区、直辖市和计划单列市国家税务局或地方税务局（以下简称省税务机关）及以下各级税务机关负责协助税务总局处理相互协商程序涉及的本辖区内事务。

第五条 各级税务机关应对缔约对方主管当局与相关纳税人、扣缴义务人、代理人等在相互协商程序中提供的资料保密。

第六条 本办法所称缔约对方，是指与中国签订税收协定，且该税收协定已经生效执行的国家或地区。

第二章 中国居民（国民）申请启动的相互协商程序

第七条 如果中国居民（国民）认为，缔约对方所采取的措施，已经或将会导致不符合税收协定所规定的征税行为，可以按本办法的规定向省税务机关提出申请，请求税务总局与缔约对方主管当局通过相互协商程序解决有关问题。

第八条 本办法所称中国居民，是指按照《中华人民共和国个人所得税法》和《中华人民共和国企业所得税法》，就来源于中国境内境外的所得在中国负有纳税义务的个人、法人或其他组织。

本办法所称中国国民，是指具有中国国籍的个人，以及依照中国法律成立的法人或其他组织。

第九条 中国居民有下列情形之一的，可以申请启动相互协商程序：

（一）对居民身份的认定存有异议，特别是相关税收协定规定双重居民身份情况下需要通过相互协商程序进行最终确认的；

（二）对常设机构的判定，或者常设机构的利润归属和费用扣除存有异议的；

（三）对各项所得或财产的征免税或适用税率存有异议的；

（四）违反税收协定非歧视待遇（无差别待遇）条款的规定，可能或已经形成税收歧视的；

（五）对税收协定其他条款的理解和适用出现争议而不能自行解决的；

（六）其他可能或已经形成不同税收管辖权之间重复征税的。

第十条 中国国民认为缔约对方违背了税收协定非歧视待遇（无差别待遇）条款的规定，对其可能或已经形成税收歧视时，可以申请启动相互协商程序。

第十一条 申请人应在有关税收协定规定的期限内，以书面形式向省税务机关提出启动相互协商程序的申请（附件1，需提供纸质版和电子版）。

第十二条 负责申请人个人所得税或企业所得税征管的省税务机关为受理申请的税务机关。申请人就缔约对方征收的非所得税类税收提出相互协商申请的，负责与该税收相同或相似的国内税收征收的省税务机关为受理申请的税务机关。国内没有征收相同或相似税收的，省国家税务局为受理申请的税务机关。

第十三条 申请人依本办法第十条申请启动相互协商程序，且未构成我国税收居民的，个人户籍所在地、法人或其他组织设立地的省税务机关为受理申请的税务机关。

第十四条 申请人按本章规定提出的相互协商申请符合以下全部条件的，税务机关应当受理：

（一）申请人为按照本办法第九条或第十条规定可以提起相互协商请求的中国居民或中国国民；

（二）提出申请的时间没有超过税收协定规定的时限；

（三）申请协商的事项为缔约对方已经或有可能发生的违反税收协定规定的行为；

（四）申请人提供的事实和证据能够证实或者不能合理排除缔约对方的行为存在违反税收协定规定的嫌疑；

（五）申请相互协商的事项不存在本办法第十九条规定的情形。

对于不符合上款规定全部条件的申请，税务机关认为涉及严重双重征税或损害我国税收权益、有必要进行相互协商的，也可以决定受理。

第十五条 受理申请的省税务机关应在十五个工作日内，将申请上报税务总局，并将情况告知申请人，同时通知省以下主管税务机关。

第十六条 因申请人提交的信息不全等原因导致申请不具备启动相互协商程序条件的，省税务机关可以要求申请人补充材料。申请人补充材料后仍不具备启动相互协商程序条件的，省税务机关可以拒绝受理，并以书面形式告知申请人。

申请人对省税务机关拒绝受理的决定不服的，可在收到书面告知之日起十五个工作日内向省税务机关或税务总局提出异议申请（附件2，需提供纸质版和电子版）。省税务机关收到异议后，应在五个工作日内将申请人的材料，连同省税务机关的意见和依据上报税务总局。

第十七条 税务总局收到省税务机关上报的申请后，应在二十个工作日内按下列情况分别处理：

（一）申请具备启动相互协商程序条件的，决定启动相互协商程序，并将情况告知受理申请的省税务机关，省税务机关应告知申请人；

（二）申请已超过税收协定规定的期限，或申请人的申请明显缺乏事实法律依据，或出现其他不具备相互协商条件情形的，不予启动相互协商程序，并以书面形式告知受理申请的省税务机关，省税务机关应告知申请人；

（三）因申请人提交的信息不全等原因导致申请不具备启动相互协商程序条件的，通过受理申请的省税务机关要求申请人补充材料或说明情况。申请人补充材料或说明情况后，再按前两项规定处理。

第十八条 税务总局启动相互协商程序后，可通过受理申请的省税务机关要求申请人进一步补充材料或说明情况，申请人应在规定的时间内提交，并确保材料的真实与全面。

对于紧急案件，税务总局可以直接与申请人联系。

第十九条 发生下列情形之一的，税务总局可以决定终止相互协商程序，并以书面形式告知省税务机关，省税务机关应告知申请人：

（一）申请人故意隐瞒重要事实，或在提交的资料中弄虚作假的；

（二）申请人拒绝提供税务机关要求的、与案件有关的必要资料的；

（三）因各种原因，申请人与税务机关均无法取得必要的证据，导致相关事实或申请人立场无法被证明，相互协商程序无法继续进行的；

（四）缔约对方主管当局单方拒绝或终止相互协商程序的；

（五）其他导致相互协商程序无法进行、或相互协商程序无法达到预期目标的。

第二十条 在两国主管当局达成一致意见之前，申请人可以以书面方式撤回相互协商申请。申请人撤回申请或者拒绝接受缔约双方主管当局达成一致的相互协商结果的，税务机关不再受理基于同一事实和理由的申请。

第二十一条 对于相互协商结果，税务总局应以书面形式告知受理申请的省税务机关，省税务机关应告知申请人。

第三章 缔约对方主管当局请求启动的相互协商程序

第二十二条 税务总局接受缔约对方主管当局的相互协商请求的范围参照本办法第九条、第十条的规定执行。

第二十三条 发生下列情形之一的，税务总局可以拒绝缔约对方主管当局启动相互协商程序的请求，或者要求缔约对方主管当局补充材料：

（一）请求相互协商的事项不属于税收协定适用范围的；

（二）纳税人提出相互协商的申请超过了税收协定规定时限的；

（三）缔约对方主管当局的请求明显缺乏事实或法律依据的；

（四）缔约对方主管当局提供的事实和材料不完整、不清楚，使税务机关无法进行调查或核实的；

虽属于上款规定的一种或多种情形，但税务总局认为有利于避免双重征税、维护我国税收权益或促进经济合作的，仍可决定接受缔约对方启动相互协商程序的请求。

第二十四条 税务总局在收到缔约对方启动相互协商程序的函后，查清事实，决定是否同意启动相互协商程序，并书面回复对方。在做出是否同意启动相互协商程序决定前，认为需要征求相关省税务机关意见的，可以将相关情况和要求告知省税务机关，省税务机关应在税务总局要求的时间内予以回复。

第二十五条 税务总局在收到缔约对方主管当局提出的启动相互协商程序的请求时，相关税务机关的处理决定尚未做出的，税务总局应将对方提起相互协商程序的情况告知相关税务机关。相互协商程序不影响相关税务机关对有关案件的调查与处理，但税务总局认为需要停止调查和处理的除外。

第二十六条 相互协商程序进行期间，不停止税务机关已生效决定的执行，税务机关或者税务总局认为需要停止执行的除外。

第二十七条 在相互协商过程中，如果缔约对方主管当局撤回相互协商请求，或出现其他情形致使相互协商程序无法进行的，税务总局可以终止相互协商程序。

第二十八条 税务总局决定启动相互协商程序后，如有必要，可将缔约对方主管当局提交的相互协商请求所涉及的案件基本情况、主要证据等以书面形式下达给相关省税务机关，要求其在规定期限内完成核查。

第二十九条 接受任务的省税务机关应组织专人对案件进行核查，并在税务总局要求的期限内将核查结果以公文形式上报税务总局。对复杂或重大的案件，不能在期限内完成核查的，应在核查期限截止日期前五个工作日内向税务总局提出延期申请，经税务总局同意后，上报核查结果的时间可适当延长，但延长时间不超过一个月。

第三十条 接受任务的省税务机关认为核查缔约对方主管当局提交的案件需要对方补充材料或就某一事项做出进一步说明的，应及时向税务总局提出。税务总局同意向缔约对方主管当局提出补充要求的，等待对方回复的时间不计入核查时间。缔约对方主管当局在回复中改变立场，或提出新的请求的，核查时间重新计算。

第三十一条 省税务机关上报的核查结果，应包括案件调查的过程、对所涉案件的观点、事实根据和法律依据等内容。

第四章 税务总局主动向缔约对方请求启动的相互协商程序

第三十二条 税务总局在下列情况下可以主动向缔约对方主管当局提出相互协商请求：

（一）发现过去相互协商达成一致的案件或事项存在错误，或有新情况需要变更处理的；

（二）对税收协定中某一问题的解释及相关适用程序需要达成一致意见的；

（三）税务总局认为有必要与缔约对方主管当局对其他税收协定适用问题进行相互协商的。

第三十三条 省以下税务机关在适用税收协定时，发现本办法第三十二条规定的情形，认为有必要向缔约对方主管当局提起相互协商请求的，应层报税务总局。

第五章 协议的执行及法律责任

第三十四条 双方主管当局经过相互协商达成一致意见的，分别按不同情况处理如下：

（一）双方就协定的某一条文解释或某一事项的理解达成共识的，税务总局应将结果以公告形式发布；

（二）双方就具体案件的处理达成共识，需要涉案税务机关执行的，税务总局应将结果以书面形式通知相关税务机关。

第三十五条 经双方主管当局相互协商达成一致的案件，涉及我国税务机关退税或其他处理的，相关税务机关应在收到通知之日起三个月内执行完毕，并将情况报告税务总局。

第三十六条 纳税人、扣缴义务人、代理人等在税务机关对相互协商案件的核查中弄虚作假，或有其他违法行为的，税务机关应按税收征管法等有关规定处理。

第三十七条 省税务机关在相互协商程序实施过程中存在下列情形之一的，税务总局除发文催办或敦促补充核查、重新核查外，视具体情况予以通报：

（一）未按规定程序受理，或未在规定期限内向税务总局上报我国居民（国民）相互协商请求的；

（二）未按规定时间上报相互协商案件核查报告的；

（三）上报的核查报告内容不全、数据不准，不能满足税务总局对外回复需要的；

（四）未按规定时间执行相互协商达成的协议的。

第六章 附　　则

第三十八条 申请人依照本办法第七条的规定向省税务机关提起相互协商程序申请的，填报或提交的资料应采用中文文本。相关资料原件为外文文本且税务机关根据有关规定要求翻译成中文文本的，申请人应按照税务机关的要求翻译成中文文本。

第三十九条 关于特别纳税调整的相互协商程序实施办法，另行规定。

第四十条 本办法由税务总局负责解释。

第四十一条 本办法自2013年11月1日起施行。《国家税务总局关于印发〈中国居民（国民）申请启动税务相互协商程序暂行办法〉的通知》（国税发〔2005〕115号）同时废止。

本办法施行前已按国税发〔2005〕115号受理但尚未处理完毕的相互协商案件，适用本办法的规定。

国家税务总局关于
电信企业手续费及佣金支出税前扣除问题的公告

Announcement by the State Administration of Taxation on Issues Concerning Pre-tax Deduction of Service Charge and Commission Fees by Telecommunication Enterprises

国家税务总局公告2013年第59号

依据《国家税务总局关于企业所得税应纳税所得额若干税务处理问题的公告》（国家税务总局公告2012年第15号），现就电信企业手续费及佣金支出税前扣除问题公告如下：

国家税务总局公告2012年第15号第四条所称电信企业手续费及佣金支出，仅限于电信企业在发展客户、拓展业务等过程中因委托销售电话入网卡、电话充值卡所发生的手续费及佣金支出。

本公告施行时间同国家税务总局公告2012年第15号施行时间。

特此公告。

国家税务总局

2013年10月10日

国家税务总局
关于调整出口退（免）税申报办法的公告

Announcement by the State Administration of Taxation on Adjusting the Declaration Measures for Export Tax Rebates (Exemption)

国家税务总局公告2013年第61号

为减少出口退（免）税申报的差错率和疑点，进一步提高申报和审批效率，加快出口退税进度，税务总局决定调整出口退（免）税申报办法，现公告如下：

一、企业出口货物劳务及适用增值税零税率的应税服务（以下简称出口货物劳务及服务），在正式申报出口退（免）税之前，应按现行申报办法向主管税务机关进行预申报，在主管税务机关确认申报凭证的内容与对应的管理部门电子信息无误后，方可提供规定的申报退（免）税凭证、资料及正式申报电子数据，向主管税务机关进行正式申报。

二、税务机关受理企业出口退（免）税预申报后，应及时审核并向企业反馈审核结果。如果审核发现申报退（免）税的凭证没有对应的管理部门电子信息或凭证的内容与电子信息不符的，企业应按下列方法处理：

（一）属于凭证信息录入错误的，应更正后再次进行预申报；

（二）属于未在“中国电子口岸出口退税子系统”中进行出口货物报关单确认操作或未按规定进行增值税专用发票认证操作的，应进行上述操作后，再次进行预申报；

（三）除上述原因外，可填写《出口企业信息查询申请表》（见附件1），将缺失对应凭证管理部门电子信息或凭证的内容与电子信息不符的数据和原始凭证报送至主管税务机关，由主管税务机关协助查找相关信息。

三、生产企业应根据免抵退税正式申报的出口销售额（不包括本公告生效前已按原办法申报的单证不齐或者信息不齐的出口销售额）计算免抵退税不得免征和抵扣税额，并填报在当期《增值税纳税申报表附列资料（二）》“免抵退税办法出口货物不得抵扣进项税额”栏（第18栏）、《免抵退税申报汇总表》“免抵退税不得免征和抵扣税额”栏（第25栏）。

生产企业在本公告生效前已按原办法申报单证不齐或者信息不齐的出口货物劳务及服务，在本公告生效后应及时收齐有关单证、进行预申报，并在单证齐全、信息通过预申报核对无误后进行免抵退税正式申报。正式申报时，只计算免抵退税额，不计算免抵退税不得免征和抵扣税额。

四、在退（免）税申报期截止之日前，如果企业出口的货物劳务及服务申报退（免）税的凭证仍没有对应管理部门电子信息或凭证的内容与电子信息比对不符，无法完成预申报的，企业应在退（免）税申报期截止之日前，向主管税务机关报送以下资料：

（一）《出口退（免）税凭证无相关电子信息申报表》（见附件2）及其电子数据；

（二）退（免）税申报凭证及资料。

经主管税务机关核实，企业报送的退（免）税凭证资料齐全，且《出口退（免）税凭证无相关电子信息申报表》及其电子数据与凭证内容一致的，企业退（免）税正式申报时间不受退（免）税申报期截止之日限制。未按上述规定在退（免）税申报期截止之日前向主管税务机关报送退（免）税凭证资料的，企业在退（免）税申报期限截止之日后不得进行退（免）税申报，应按规定进行免税申报或纳税申报。

五、符合《财政部 国家税务总局关于出口货物劳务增值税和消费税政策的通知》（财税〔2012〕39号）第九条第（四）项规定的生产企业，不适用本公告，其免抵退税申报仍按原办法执行。

六、本公告自2014年1月1日起施行。《国家税务总局关于发布〈出口货物劳务增值税和消费税管理办法〉的公告》（国家税务总局公告2012年第24号）、《国家税务总局关于〈出口货物劳务增值税和消费税管理办法〉有关问题的公告》（国家税务总局公告2013年第12号）、《国家税务总局关于出口企业申报出口货物退（免）税提供收汇资料有关问题的公告》（国家税务总局公告2013年第30号）等文件与本公告相冲突的内容同时废止。

附件：1. 出口企业信息查询申请表（略）

2. 出口退（免）税凭证无相关电子信息申报表（略）

国家税务总局

2013年10月15日

国家税务总局关于
技术转让所得减免企业所得税有关问题的公告

Announcement by the State Administration of Taxation on Some Issues Concerning the Reduction and Exemption of Corporate Income Tax on the Proceeds from Technology Transfers

国家税务总局公告2013年第62号

为加强技术转让所得减免企业所得税的征收管理，现将《国家税务总局关于技术转让所得减免企业所得税有关问题的通知》（国税函〔2009〕212号）中技术转让收入计算的有关问题，公告如下：

一、可以计入技术转让收入的技术咨询、技术服务、技术培训收入，是指转让方为使受让方掌握所转让的技术投入使用、实现产业化而提供的必要的技术咨询、技术服务、技术培训所产生的收入，并应同时符合以下条件：

（一）在技术转让合同中约定的与该技术转让相关的技术咨询、技术服务、技术培训；

（二）技术咨询、技术服务、技术培训收入与该技术转让项目收入一并收取价款。

二、本公告自2013年11月1日起施行。此前已进行企业所得税处理的相关业务，不作纳税调整。

国家税务总局

2013年10月21日

国家税务总局关于
金融商品转让业务有关营业税问题的公告

Announcement by State Administration of Taxation on Several Issues Concerning Business Tax on the Transfer of Financial Products

国家税务总局公告2013年第63号

现对纳税人从事金融商品转让业务有关营业税问题公告如下：

纳税人从事金融商品转让业务，不再按股票、债券、外汇、其他四大类来划分，统一归为“金融商品”，不同品种金融商品买卖出现的正负差，在同一个纳税期内可以相抵，按盈亏相抵后的余额为营业额计算缴纳营业税。若相抵后仍出现负差的，可结转下一个纳税期相抵，但在年末时仍出现负差的，不得转入下一个会计年度。

本公告自2013年12月1日起施行。《国家税务总局关于印发〈金融保险业营业税申报管理办法〉

的通知》（国税发〔2002〕9号）第四章第十四条中“金融商品转让业务，按股票、债券、外汇、其他四大类来划分。同一大类不同品种金融商品买卖出现的正负差，在同一个纳税期内可以相抵，相抵后仍出现负差的，可结转下一个纳税期相抵，但年末时仍出现负差的，不得转入下一个会计年度”内容同时废止。

特此公告。

国家税务总局

2013年11月6日

国家税务总局关于出口货物劳务增值税和消费税有关问题的公告

Announcement by the State Administration of Taxation on Some Issues Concerning Value-added Tax and Consumption Tax on Export Goods and Labor Services

国家税务总局公告2013年第65号

为进一步规范管理，准确执行出口货物劳务税收政策，现就出口货物劳务增值税和消费税有关问题公告如下：

一、出口企业或其他单位申请注销退（免）税资格认定，如向主管税务机关声明放弃未申报或已申报但尚未办理的出口退（免）税并按规定申报免税的，视同已结清出口退税税款。

因合并、分立、改制重组等原因申请注销退（免）税资格认定的出口企业或其他单位（以下简称注销企业），可向主管税务机关申报《申请注销退（免）税资格认定企业未结清退（免）税确认书》（附件1），提供合并、分立、改制重组企业决议、章程、相关部门批件及承继注销企业权利和义务的企业（以下简称承继企业）在注销企业所在地的开户银行、账号，经主管税务机关确认无误后，可在注销企业结清出口退（免）税款前办理退（免）税资格认定注销手续。注销后，注销企业的应退税款由其主管税务机关退还至承继企业账户，如发生需要追缴多退税款的向承继企业追缴。

二、出口企业或其他单位可以放弃全部适用退（免）税政策出口货物劳务的退（免）税，并选择适用增值税免税政策或征税政策。放弃适用退（免）税政策的出口企业或其他单位，应向主管税务机关报送《出口货物劳务放弃退（免）税声明》（附件2），办理备案手续。自备案次日起36个月内，其出口的适用增值税退（免）税政策的出口货物劳务，适用增值税免税政策或征税政策。

三、从事进料加工业务的生产企业，因上年度无海关已核销手（账）册不能确定本年度进料加工业务计划分配率的，应使用最近一次确定的“上年度已核销手（账）册综合实际分配率”作为本年度的计划分配率。

生产企业在办理年度进料加工业务核销后，如认为《生产企业进料加工业务免抵退税核销表》中的“上年度已核销手（账）册综合实际分配率”与企业当年度实际情况差别较大的，可在向主管税务机关提供当年度预计的进料加工计划分配率及书面合理理由后，将预计的进料加工计划分配率作为该年度的计划分配率。

四、出口企业将加工贸易进口料件，采取委托加工收回出口的，在申报退（免）税或申请开具《来料加工免税证明》时，如提供的加工费发票不是由加工贸易手（账）册上注明的加工单位开具的，出口企业须向主管税务机关书面说明理由，并提供主管海关出具的书面证明。否则，属于进料加工委托加工业务的，对应的加工费不得抵扣或申报退（免）税；属于来料加工委托加工业务的，不得申请开具《来料加工免税证明》，相应的加工费不得申报免税。

五、出口企业报关进入国家批准的出口加工区、保税物流园区、保税港区、综合保税区、珠澳跨境工业区（珠海园区）、中哈霍尔果斯国际边境合作中心（中方配套区域）、保税物流中心（B 型）（以下统称特殊区域）并销售给特殊区域内单位或境外单位、个人的货物，以人民币结算的，可申报出口退（免）税，按有关规定提供收汇资料时，可以提供收取人民币的凭证。

六、出口企业或其他单位申报对外援助出口货物退（免）税时，不需要提供商务部批准使用援外优惠贷款的批文（“援外任务书”）复印件和商务部批准使用援外合资合作项目基金的批文（“援外任务书”）复印件。

七、生产企业外购的不经过本企业加工或组装，出口后能直接与本企业自产货物组合成成套产品的货物，如配套出口给进口本企业自产货物的境外单位或个人，可作为视同自产货物申报退（免）税。生产企业申报出口视同自产的货物退（免）税时，应按《生产企业出口视同自产货物业务类型对照表》（附件 3），在《生产企业出口货物免、抵、退税申报明细表》的“业务类型”栏内填写对应标识，主管税务机关如发现企业填报错误的，应及时要求企业改正。

八、出口企业或其他单位出口适用增值税免税政策的货物劳务，在向主管税务机关办理增值税、消费税免税申报时，不再报送《免税出口货物劳务明细表》及其电子数据。出口货物报关单、合法有效的进货凭证等留存企业备查的资料，应按出口日期装订成册。

九、以下出口货物劳务应按照下列规定留存备查合法有效的进货凭证：

（一）出口企业或其他单位从依法拍卖单位购买货物出口的，将与拍卖人签署的成交确认书及有关收据留存备查；

（二）通过合并、分立、重组改制等资产重组方式设立的出口企业或其他单位，出口重组前的企业无偿划转的货物，将资产重组文件、无偿划转的证明材料留存备查。

十、出口企业或其他单位按照《国家税务总局关于〈出口货物劳务增值税和消费税管理办法〉有关问题的公告》（国家税务总局公告 2013 年第 12 号）第二条第（十八）项规定申请延期申报退（免）税的，如省级税务机关在免税申报截止之日后批复不予延期，若该出口货物符合其他免税条件，出口企业或其他单位应在批复的次月申报免税。次月未申报免税的，适用增值税征税政策。

十一、委托出口的货物，委托方应自货物报关出口之日起至次年 3 月 15 日前，凭委托代理出口协议（复印件）向主管税务机关报送《委托出口货物证明》（附件 4）及其电子数据。主管税务机关审核委托代理出口协议后在《委托出口货物证明》签章。

受托方申请开具《代理出口货物证明》时，应提供规定的凭证资料及委托方主管税务机关签章的《委托出口货物证明》。

十二、外贸企业出口视同内销征税的货物，申请开具《出口货物转内销证明》时，需提供规定的凭证资料及计提销项税的记账凭证复印件。

主管税务机关在审核外贸企业《出口货物转内销证明申报表》时，对增值税专用发票交叉稽核信息比对不符，以及发现提供的增值税专用发票或者其他增值税扣税凭证存在以下情形之一的，不得出具《出口货物转内销证明》：

（一）提供的增值税专用发票或海关进口增值税专用缴款书为虚开、伪造或内容不实；

（二）提供的增值税专用发票是在供货企业税务登记被注销或被认定为非正常户之后开具；

（三）外贸企业出口货物转内销时申报的《出口货物转内销证明申报表》的进货凭证上载明的货物与申报免退税匹配的出口货物报关单上载明的出口货物名称不符。属同一货物的多种零部件合并报关为同一商品名称的除外；

（四）供货企业销售的自产货物，其生产设备、工具不能生产该种货物；

（五）供货企业销售的外购货物，其购进业务为虚假业务；

（六）供货企业销售的委托加工收回货物，其委托加工业务为虚假业务。

主管税务机关在开具《出口货物转内销证明》后，发现外贸企业提供的增值税专用发票或者其他增值税扣税凭证存在以上情形之一的，主管税务机关应通知外贸企业将原取得的《出口货物转内销证明》涉及的进项税额做转出处理。

十三、出口企业按规定向国家商检、海关、外汇管理等对出口货物相关事项实施监管核查部门报送的资料中，属于申报出口退（免）税规定的凭证资料及备案单证的，如果上述部门或主管税务机关发现为虚假或其内容不实的，其对应的出口货物不适用增值税退（免）税和免税政策，适用增值税征税政策。查实属于偷骗税的按照相应的规定处理。

十四、本公告自 2014 年 1 月 1 日起执行。

特此公告。

附件：1. 申请注销退（免）税资格认定企业未结清退（免）税确认书（略）

2. 出口货物劳务放弃退（免）税声明（略）

3. 生产企业出口视同自产货物业务类型对照表（略）

4. 委托出口货物证明（略）

国家税务总局

2013 年 11 月 13 日

国家税务总局关于
纳税人资产重组有关增值税问题的公告

Announcement by the State Administration of Taxation on Some Issues Concerning Value-added Tax for Asset Restructuring of Taxpayers

国家税务总局公告2013年第66号

现将纳税人资产重组有关增值税问题公告如下：

纳税人在资产重组过程中，通过合并、分立、出售、置换等方式，将全部或者部分实物资产以及与其相关联的债权、负债经多次转让后，最终的受让方与劳动力接收方为同一单位和个人的，仍适用《国家税务总局关于纳税人资产重组有关增值税问题的公告》(国家税务总局公告2011年第13号)的相关规定，其中货物的多次转让行为均不征收增值税。资产的出让方需将资产重组方案等文件资料报其主管税务机关。

本公告自2013年12月1日起施行。纳税人此前已发生并处理的事项，不再做调整；未处理的，按本公告规定执行。

特此公告。

国家税务总局

2013年11月19日

国家税务总局关于
企业维简费支出企业所得税税前扣除问题的公告

Announcement by the State Administration of Taxation on Some Issues Concerning Pre-tax Deduction of Corporate Income Tax on Expenses for Maintaining Simple Reproduction

国家税务总局公告2013年第67号

根据《中华人民共和国企业所得税法》及其实施条例(以下简称企业所得税法)规定，现就企业维简费支出企业所得税税前扣除问题公告如下：

一、企业实际发生的维简费支出，属于收益性支出的，可作为当期费用税前扣除；属于资本性支出的，应计入有关资产成本，并按企业所得税法规定计提折旧或摊销费用在税前扣除。

企业按照有关规定预提的维简费，不得在当期税前扣除。

二、本公告实施前，企业按照有关规定提取且已在当期税前扣除的维简费，按以下规定处理：

（一）尚未使用的维简费，并未作纳税调整的，可不作纳税调整，应首先抵减2013年实际发生的维简费，仍有余额的，继续抵减以后年度实际发生的维简费，至余额为零时，企业方可按照本公告第一条规定执行；已作纳税调整的，不再调回，直接按照本公告第一条规定执行。

（二）已用于资产投资并形成相关资产全部成本的，该资产提取的折旧或费用摊销额，不得税前扣除；已用于资产投资并形成相关资产部分成本的，该资产提取的折旧或费用摊销额中与该部分成本对应的部分，不得税前扣除；已税前扣除的，应调整作为2013年度应纳税所得额。

三、本公告自2013年1月1日起施行。

煤矿企业不执行本公告，继续执行《国家税务总局关于煤矿企业维简费和高危行业企业安全生产费用企业所得税税前扣除问题的公告》（国家税务总局公告2011年第26号）。

特此公告。

国家税务总局

2013年11月28日

国家税务总局关于发布《航空运输企业增值税征收管理暂行办法》的公告

Announcement by the State Administration of Taxation on Release of the Interim Administrative Measures for the Collection of Value-added Tax from Air Transport Enterprises

国家税务总局公告2013年第68号

为解决营业税改征增值税试点期间航空运输企业总分机构缴纳增值税问题，国家税务总局制定了《航空运输企业增值税征收管理暂行办法》，现予以发布。

《财政部　国家税务总局关于部分航空运输企业总分机构增值税计算缴纳问题的通知》（财税〔2013〕86号）附件1列明的航空运输企业总分机构，自2013年8月1日起按本办法计算缴纳增值税；附件2列明的航空运输企业总分机构，自2013年10月1日起按本办法计算缴纳增值税。

《国家税务总局关于发布〈营业税改征增值税试点期间航空运输企业增值税征收管理暂行办法〉的公告》（2013第7号）自2013年10月1日起废止。

特此公告。

国家税务总局

2013年11月28日

航空运输企业增值税征收管理暂行办法

第一条 为规范营业税改征增值税试点期间航空运输企业增值税征收管理，根据《总分机构试点纳税人增值税计算缴纳暂行办法》（财税〔2013〕74号文件印发）和现行增值税有关规定，制定本办法。

第二条 经财政部和国家税务总局批准，按照《总分机构试点纳税人增值税计算缴纳暂行办法》计算缴纳增值税的航空运输企业，适用本办法。

第三条 航空运输企业的总机构（以下简称总机构），应当汇总计算总机构及其分支机构发生《应税服务范围注释》所列业务的应纳税额，抵减分支机构发生《应税服务范围注释》所列业务已缴纳（包括预缴和补缴，下同）的税额后，向主管税务机关申报纳税。

总机构销售货物和提供加工修理修配劳务，按照增值税暂行条例及相关规定就地申报纳税。

第四条 总机构汇总的销售额，为总机构及其分支机构发生《应税服务范围注释》所列业务的销售额。

总机构应当按照增值税现行规定核算汇总的销售额。

第五条 总机构汇总的销项税额，按照本办法第四条规定的销售额和增值税适用税率计算。

第六条 总机构汇总的进项税额，是指总机构及其分支机构因发生《应税服务范围注释》所列业务而购进货物或者接受加工修理修配劳务和应税服务，支付或者负担的增值税税额。

总机构和分支机构用于《应税服务范围注释》所列业务之外的进项税额不得汇总。

第七条 分支机构发生《应税服务范围注释》所列业务，按照销售额和预征率计算应预缴税额，按月向主管税务机关申报纳税，不得抵扣进项税额。计算公式为：

应预缴税额＝销售额 × 预征率

分支机构销售货物和提供加工修理修配劳务，按照增值税暂行条例及相关规定就地申报纳税。

第八条 分支机构应按月将《应税服务范围注释》所列业务的销售额、进项税额和已缴纳税额归集汇总，填写《航空运输企业分支机构传递单》（见附件1），报送主管税务机关签章确认后，于次月10日前传递给总机构。

第九条 总机构的纳税期限为一个季度。

第十条 总机构应当依据《航空运输企业分支机构传递单》，汇总计算当期发生《应税服务范围注释》所列业务的应纳税额，抵减分支机构发生《应税服务范围注释》所列业务当期已缴纳的税额后，向主管税务机关申报纳税。抵减不完的，可以结转下期继续抵减。计算公式为：

总机构当期汇总应纳税额＝当期汇总销项税额－当期汇总进项税额

总机构当期应补（退）税额＝总机构当期汇总应纳税额－分支机构当期已缴纳税额

第十一条 航空运输企业汇总缴纳的增值税实行年度清算。

第十二条 年度终了后25个工作日内，总机构应当计算分支机构发生《应税服务范围注释》所列业务年度清算的应纳税额，并向主管税务机关报送《____年度航空运输企业年度清算表》（附件2）。计算公式为：

分支机构年度清算的应纳税额＝（分支机构发生《应税服务范围注释》所列业务的年度销售额 ÷ 总机构汇总的年度销售额）× 总机构汇总的年度应纳税额

总机构汇总的年度应纳税额，为总机构年度

内各季度汇总应纳税额的合计数。

第十三条 年度终了后40个工作日内，总机构主管税务机关应将《____年度航空运输企业年度清算表》逐级报送国家税务总局。

第十四条 分支机构年度清算的应纳税额小于分支机构已预缴税额，且差额较大的，由国家税务总局通知分支机构所在地的省税务机关，在一定时期内暂停分支机构预缴增值税。

分支机构年度清算的应纳税额大于分支机构已预缴税额，差额部分由国家税务总局通知分支机构所在地的省税务机关，在分支机构预缴增值税时一并补缴入库。

第十五条 总机构及其分支机构，一律由主管税务机关认定为增值税一般纳税人。

第十六条 总机构应当在开具增值税专用发票（含货物运输业增值税专用发票）的次月申报期结束前向主管税务机关报税。

总机构及其分支机构取得的增值税扣税凭证，应当按照有关规定到主管税务机关办理认证或者申请稽核比对。

总机构汇总的进项税额，应当在季度终了后的第一个申报期内申报抵扣。

第十七条 主管税务机关应定期或不定期对分支机构纳税情况进行检查。

分支机构发生《应税服务范围注释》所列业务申报不实的，就地按适用税率全额补征增值税。主管税务机关应将检查情况及结果发函通知总机构主管税务机关。

第十八条 总机构及其分支机构的其他增值税涉税事项，按照现行增值税有关政策执行。

附件：1. 航空运输企业分支机构传递单（略）

2. 年度航空运输企业年度清算表（略）

国家税务总局关于非居民企业股权转让适用特殊性税务处理有关问题的公告

Announcement by the State Administration of Taxation on Some Issues Concerning the Special Tax Treatment Applicable to Equity Transfer by Non-resident Enterprises

国家税务总局公告2013年第72号

为规范和加强非居民企业股权转让适用特殊性税务处理的管理，根据《中华人民共和国企业所得税法》及其实施条例、《财政部　国家税务总局关于企业重组业务企业所得税处理若干问题的通知》（财税〔2009〕59号，以下简称《通知》）的有关规定，现就有关问题公告如下：

一、本公告所称股权转让是指非居民企业发生《通知》第七条第（一）、（二）项规定的情形；其中《通知》第七条第（一）项规定的情形包括因境外企业分立、合并导致中国居民企业股权被转让的情形。

二、非居民企业股权转让选择特殊性税务处理的，应于股权转让合同或协议生效且完成工商变更登记手续30日内进行备案。属于《通知》第七条第（一）项情形的，由转让方向被转让企业所在地所得税主管税务机关备案；属于《通知》第七条第（二）项情形的，由受让方向其所在地所得税主管税务机关备案。

股权转让方或受让方可以委托代理人办理备案事项；代理人在代为办理备案事项时，应向主管税务机关出具备案人的书面授权委托书。

三、股权转让方、受让方或其授权代理人（以下简称备案人）办理备案时应填报以下资料：

（一）《非居民企业股权转让适用特殊性税务处理备案表》（见附件1）；

（二）股权转让业务总体情况说明，应包括股权转让的商业目的、证明股权转让符合特殊性税务处理条件、股权转让前后的公司股权架构图等资料；

（三）股权转让业务合同或协议（外文文本的同时附送中文译本）；

（四）工商等相关部门核准企业股权变更事项证明资料；

（五）截至股权转让时，被转让企业历年的未分配利润资料；

（六）税务机关要求的其他材料。

以上资料已经向主管税务机关报送的，备案人可不再重复报送。其中以复印件向税务机关提交的资料，备案人应在复印件上注明“本复印件与原件一致”字样，并签字后加盖备案人印章；报送中文译本的，应在中文译本上注明“本译文与原文表述内容一致”字样，并签字后加盖备案人印章。

四、主管税务机关应当按规定受理备案，资料齐全的，应当场在《非居民企业股权转让适用特殊性税务处理备案表》上签字盖章，并退1份给备案人；资料不齐全的，不予受理，并告知备案人各应补正事项。

五、非居民企业发生股权转让属于《通知》第七条第（一）项情形的，主管税务机关应当自受理之日起30个工作日内就备案事项进行调查核实、提出处理意见，并将全部备案资料以及处理意见层报省（含自治区、直辖市和计划单列市，下同）税务机关。

税务机关在调查核实时，如发现此种股权转让情形造成以后该项股权转让所得预提税负担变化，包括转让方把股权由应征税的国家或地区转让到不征税或低税率的国家或地区，应不予适用特殊性税务处理。

六、非居民企业发生股权转让属于《通知》第七条第（二）项情形的，应区分以下两种情形予以处理：

（一）受让方和被转让企业在同一省且同属国税机关或地税机关管辖的，按照本公告第五条规定执行。

（二）受让方和被转让企业不在同一省或分别由国税机关和地税机关管辖的，受让方所在地省税务机关收到主管税务机关意见后30日内，应向被转让企业所在地省税务机关发出《非居民企业股权转让适用特殊性税务处理告知函》（见附件2）。

七、非居民企业股权转让未进行特殊性税务处理备案或备案后经调查核实不符合条件的，适用一般性税务处理规定，应按照有关规定缴纳企业所得税。

八、非居民企业发生股权转让属于《通知》第七条第（一）项情形且选择特殊性税务处理的，转让方和受让方不在同一国家或地区的，若被转让企业股权转让前的未分配利润在转让后分配给受让方的，不享受受让方所在国家（地区）与中国签订的税收协定（含税收安排）的股息减税优惠待遇，并由被转让企业按税法相关规定代扣代缴企业所得税，到其所在地所得税主管税务机关申报缴纳。

九、省税务机关应做好辖区内非居民企业股权转让适用特殊性税务处理的管理工作，于年度终了后30日内向国家税务总局报送《非居民企业股权转让适用特殊性税务处理情况统计表》（见附件3）。

十、本公告自发布之日起施行。本公告实施之前发生的非居民企业股权转让适用特殊性税务处理事项尚未处理的，可依据本公告规定办理。《国家税务总局关于加强非居民企业股权转让所得企业所得税管理的通知》（国税函〔2009〕698 号）第九条同时废止。

特此公告。

附件：1. 非居民企业股权转让适用特殊性税务处理备案表（略）

2. 非居民企业股权转让适用特殊性税务处理告知函（略）

3. 非居民企业股权转让适用特殊性税务处理情况统计表（略）

国家税务总局

2013 年 12 月 12 日

国家税务总局关于促进残疾人就业增值税优惠政策有关问题的公告

Announcement by the State Administration of Taxation on Some Issues Concerning the Preferential VAT Policies Facilitating the Employment of Disabled Persons

国家税务总局公告2013年第73号

现就促进残疾人就业增值税优惠政策有关问题公告如下：

《财政部 国家税务总局关于促进残疾人就业税收优惠政策的通知》(财税〔2007〕92号，以下简称“通知”)第五条第一项“依法与安置的每位残疾人签订了一年以上(含一年)的劳动合同或服务协议”中的“劳动合同或服务协议”，包括全日制工资发放形式和非全日制工资发放形式劳动合同或服务协议。

安置残疾人单位聘用非全日制用工的残疾人，与其签订符合法律法规规定的劳动合同或服务协议，并且安置该残疾人在单位实际上岗工作的，可按照“通知”的规定，享受增值税优惠政策。

本公告自 2013 年 10 月 1 日起执行。此前处理与本公告规定不一致的，按本公告规定执行。

特此公告。

国家税务总局

2013 年 12 月 13 日

国家税务总局关于营业税改征增值税试点增值税一般纳税人资格认定有关事项的公告

Announcement by the State Administration of Taxation on Some Issues Concerning the Recognition of the Qualification of General VAT Taxpayers concerning the VAT Pilot Reform

国家税务总局公告2013年第75号

为了保障营业税改征增值税（以下简称营改增）试点工作的顺利实施，现将纳入营改增试点范围的纳税人（以下简称试点纳税人）办理增值税一般纳税人资格认定有关事项公告如下：

一、试点纳税人应按照本公告规定办理增值税一般纳税人资格认定。

二、除本公告第三条规定的情形外，营改增试点实施前（以下简称试点实施前）应税服务年销售额超过 500 万元的试点纳税人，应向国税主管税务机关（以下简称主管税务机关）申请办理增值税一般纳税人资格认定手续。

试点纳税人试点实施前的应税服务年销售额按以下公式换算：应税服务年销售额＝连续不超过 12 个月应税服务营业额合计 ÷（1+3%）

按照现行营业税规定差额征收营业税的试点纳税人，其应税服务营业额按未扣除之前的营业额计算。

三、试点实施前已取得增值税一般纳税人资格并兼有应税服务的试点纳税人，不需要重新申请认定，由主管税务机关制作、送达《税务事项通知书》，告知纳税人。

四、试点实施前应税服务年销售额未超过 500 万元的试点纳税人，如符合相关规定条件，也可以向主管税务机关申请增值税一般纳税人资格认定。

五、试点实施前，试点纳税人增值税一般纳税人资格认定可由省国税局按照本公告及相关规定制定预认定措施。

六、试点实施后，符合条件的试点纳税人应按照《增值税一般纳税人资格认定管理办法》（国家税务总局令第 22 号）及相关规定，办理增值税一般纳税人资格认定。按照营改增有关规定，在确定销售额时可以差额扣除的试点纳税人，其应税服务年销售额按未扣除之前的销售额计算。

七、试点纳税人兼有销售货物、提供加工修理修配劳务以及应税服务的，应税货物及劳务销售额与应税服务销售额分别计算，分别适用增值税一般纳税人资格认定标准。

兼有销售货物、提供加工修理修配劳务以及应税服务，且不经常发生应税行为的单位和个体工商户可选择按照小规模纳税人纳税。

八、试点纳税人取得增值税一般纳税人资格后，发生增值税偷税、骗取出口退税和虚开增值税扣税凭证等行为的，主管税务机关可以对其实行不少于 6 个月的纳税辅导期管理。

九、本公告自 2014 年 1 月 1 日起施行。《国家税务总局关于上海市营业税改征增值税试点增值税一般纳税人资格认定有关事项的公告》（国家税务总局公告 2011 年第 65 号）、《国家税务总局关于交通运输业和部分现代服务业营业税改征增值税试点增值税一般纳税人资格认定有关事项的公告》（国家税务总局公告 2013 年第 28 号）、《国家税务总局关于增值税一般纳税人资格认定有关事项的公告》（国家税务总局公告 2013 年第 33 号）同时废止。

特此公告。

国家税务总局

2013 年 12 月 16 日

国家税务总局关于铁路运输和邮政业营业税改征增值税发票及税控系统使用问题的公告

Announcement by State Administration of Taxation on Several Issues concerning the Use of VAT Invoices and Tax Control System for the Railway Transportation and Postal Service Industries in VAT Reform

国家税务总局公告2013年第76号

为了保障铁路运输和邮政业营业税改征增值税（以下简称营改增）试点工作顺利实施，现将铁路运输和邮政业营改增后发票及税控系统使用问题公告如下：

一、发票使用问题

（一）增值税一般纳税人（以下简称一般纳税人）提供铁路运输服务的，使用货物运输业增值税专用发票（以下简称货运专票）和普通发票；提供邮政服务的，使用增值税专用发票和普通发票。

（二）中国铁路总公司及其所属运输企业（含分支机构）可暂延用其自行印制的铁路票据，其他提供铁路运输服务的纳税人以及提供邮政服务的纳税人，其普通发票的使用由各省国税局确定。

（三）提供铁路运输服务的纳税人有 2 个以上开票点且分布在不同省（自治区、直辖市）的，可以携带空白发票在开票点所在地开具。

二、税控系统使用问题

一般纳税人提供铁路运输服务开具货运专票的，使用货物运输业增值税专用发票税控系统（以下简称货运专票税控系统）；提供运输服务以外的其他增值税应税项目开具增值税专用发票的，使用增值税防伪税控系统。

三、货运专票开具问题

（一）一般纳税人提供铁路运输服务开具货运专票后，因开票有误且不符合发票作废条件，需要开具红字货运专票的，如同时符合下列条件，可不再向主管税务机关填报《开具红字货物运输业增值税专用发票申请单》，直接在货运专票税控系统中以销项负数开具红字货运专票。开具红字货运专票时应将对应的蓝字发票代码、号码打印在发票备注栏中。

1. 实际受票方拒收或者承运人尚未将货运专票交付实际受票方。

2. 发票联次齐全，实际受票方未认证发票。

除上述情形外，一般纳税人应按照《国家税务总局关于在全国开展营业税改征增值税试点有关征收管理问题的公告》（国家税务总局公告 2013 年第 39 号）第四条第（四）项规定的流程开具红字货运专票，并将《开具红字货物运输业增值税专用发票通知单》编号打印在发票备注栏中，不需打印对应的蓝字发票代码、号码。

（二）铁路运输企业受托代征的印花税款信息，可填写在货运专票"运输货物信息"栏中。

四、本公告自 2014 年 1 月 1 日起施行。

特此公告。

国家税务总局

2013 年 12 月 18 日

国家税务总局　国家发展改革委
关于落实节能服务企业合同能源管理项目企业所得税
优惠政策有关征收管理问题的公告

Announcement by State Administration of Taxation (SAT), National Development and Reform Commission (NDRC) on Collection and Administration Issues relating to the Implementation of Preferential Corporate Income Tax Policies for Energy Efficiency Companies' Energy Management Contract (EMC) Projects

国家税务总局 国家发展改革委公告2013年第77号

为鼓励企业采用合同能源管理模式开展节能服务，规范合同能源管理项目企业所得税管理，根据《中华人民共和国企业所得税法》及其实施条例（以下简称企业所得税法）、《国务院办公厅转发发展改革委等部门关于加快推行合同能源管理促进节能服务产业发展意见的通知》（国办发〔2010〕25 号）、《财政部　国家税务总局关于促进节能服务产业发展增值税、营业税和企业所得税政策问题的通知》（财税〔2010〕110 号）和《国家税务总局关于进一步做好税收促进节能减排工作的通知》（国税函〔2010〕180 号）的有关规定，现就落实合同能源管理项目企业所得税优惠政策有关征收管理问题公告如下：

一、对实施节能效益分享型合同能源管理项目（以下简称项目）的节能服务企业，凡实行查账征收所得税的居民企业并符合企业所得税法和本公告有关规定的，该项目可享受财税〔2010〕110 号规定的企业所得税"三免三减半"优惠政策。如节能服务企业的分享型合同约定的效益分享期短于 6 年的，按实际分享期享受优惠。

二、节能服务企业享受“三免三减半”项目的优惠期限，应连续计算。对在优惠期限内转让所享受优惠的项目给其他符合条件的节能服务企业，受让企业承续经营该项目的，可自项目受让之日起，在剩余期限内享受规定的优惠；优惠期限届满后转让的，受让企业不得就该项目重复享受优惠。

三、节能服务企业投资项目所发生的支出，应按税法规定作资本化或费用化处理。形成的固定资产或无形资产，应按合同约定的效益分享期计提折旧或摊销。

节能服务企业应分别核算各项目的成本费用支出额。对在合同约定的效益分享期内发生的期间费用划分不清的，应合理进行分摊，期间费用的分摊应按照项目投资额和销售（营业）收入额两个因素计算分摊比例，两个因素的权重各为50%。

四、节能服务企业、节能效益分享型能源管理合同和合同能源管理项目应符合财税〔2010〕110号第二条第（三）项所规定的条件。

五、享受企业所得税优惠政策的项目应属于《财政部 国家税务总局 国家发展改革委关于公布环境保护节能节水项目企业所得税优惠目录（试行）的通知》（财税〔2009〕166号）规定的节能减排技术改造项目，包括余热余压利用、绿色照明等节能效益分享型合同能源管理项目。

六、合同能源管理项目优惠实行事前备案管理。节能服务企业享受合同能源管理项目企业所得税优惠的，应向主管税务机关备案。涉及多个项目优惠的，应按各项目分别进行备案。节能服务企业应在项目取得第一笔收入的次年4个月内，完成项目享受优惠备案。办理备案手续时需提供以下资料：

（一）减免税备案申请；

（二）能源管理合同复印件；

（三）国家发展改革委、财政部公布的第三方机构出具的《合同能源管理项目情况确认表》（附件1），或者政府节能主管部门出具的合同能源管理项目确认意见；

（四）《合同能源管理项目应纳税所得额计算表》（附件2）；

（五）项目第一笔收入的发票复印件；

（六）合同能源管理项目发生转让的，受让节能服务企业除提供上述材料外，还需提供项目转让合同、项目原享受优惠的备案文件。

七、企业享受优惠条件发生变化的，应当自发生变化之日起15日内向主管税务机关书面报告。如不再符合享受优惠条件的，应停止享受优惠，并依法缴纳企业所得税。对节能服务企业采取虚假手段获取税收优惠的、享受优惠条件发生变化而未及时向主管税务机关报告的以及未按本公告规定报送备案资料而自行减免税的，主管税务机关应按照税收征管法等有关规定进行处理。税务部门应设立节能服务企业项目管理台账和统计制度，并会同节能主管部门建立监管机制。

八、合同能源管理项目确认由国家发展改革委、财政部公布的第三方节能量审核机构负责，并出具《合同能源管理项目情况确认表》，或者由政府节能主管部门出具合同能源管理项目确认意见。第三方机构在合同能源管理项目确认过程中应严格按照国家有关要求认真审核把关，确保审核结果客观、真实。对在审核过程中把关不严、弄虚作假的第三方机构，一经查实，将取消其审核资质，并按相关法律规定追究责任。

九、本公告自2013年1月1日起施行。本公告发布前，已按有关规定享受税收优惠政策的，仍按原规定继续执行；尚未享受的，按本公告规定执行。

特此公告。

附件：1. 合同能源管理项目情况确认表（略）

2. 合同能源管理项目应纳税所得额计算表（略）

国家税务总局　国家发展改革委

2013 年 12 月 17 日

主要涉税文件目录

（2013年第4季度）

Catalogue of the Main Tax Documents in the fourth quarter of 2013

序号	名称	文号
1	财政部　海关总署　国家税务总局关于中国（上海）自由贸易试验区有关进口税收政策的通知	财关税〔2013〕75 号
2	财政部　国家税务总局关于部分国家储备商品有关税收政策的通知	财税〔2013〕59 号
3	财政部　国家税务总局关于职业教育等营业税若干政策问题的通知	财税〔2013〕62 号
4	财政部　海关总署　国家税务总局关于支持芦山地震灾后恢复重建有关税收政策问题的通知	财税〔2013〕58 号
5	财政部　国家税务总局关于企业参与政府统一组织的棚户区改造有关企业所得税政策问题的通知	财税〔2013〕65 号
6	财政部　国家税务总局　民政部关于公布获得 2013 年度第一批公益性捐赠税前扣除资格的公益性社会团体名单的通知	财税〔2013〕69 号
7	财政部　国家税务总局关于重新印发《总分机构试点纳税人增值税计算缴纳暂行办法》的通知	财税〔2013〕74 号
8	财政部　国家税务总局关于免征新疆国际大巴扎项目营业税的通知	财税〔2013〕77 号
9	财政部　国家税务总局关于确认中国红十字会总会　中华全国总工会　中国宋庆龄基金会和中国国际人才交流基金会 2013 年度公益性捐赠税前扣除资格的通知	财税〔2013〕79 号
10	财政部　国家税务总局关于期货投资者保障基金有关税收政策继续执行的通知	财税〔2013〕80 号
11	财政部　国家税务总局关于保险保障基金有关税收政策继续执行的通知	财税〔2013〕81 号
12	财政部　国家税务总局关于邮政企业代办金融和速递物流业务继续免征营业税的通知	财税〔2013〕82 号
13	财政部　国家税务总局关于经营高校学生公寓和食堂有关税收政策的通知	财税〔2013〕83 号
14	财政部　国家税务总局关于部分航空运输企业总分机构增值税计算缴纳问题的通知	财税〔2013〕86 号

（续表）

序号	名　称	文　号
15	财政部　国家税务总局关于中国（上海）自由贸易试验区内企业以非货币性资产对外投资等资产重组行为有关企业所得税政策问题的通知	财税〔2013〕91 号
16	财政部　国家税务总局关于企业和自收自支事业单位向职工出租的单位自有住房房产税和营业税政策的通知	财税〔2013〕94 号
17	财政部　国家税务总局关于棚户区改造有关税收政策的通知	财税〔2013〕101 号
18	财政部　人力资源社会保障部　国家税务总局关于企业年金　职业年金个人所得税有关问题的通知	财税〔2013〕103 号
19	财政部　国家税务总局关于将铁路运输和邮政业纳入营业税改征增值税试点的通知	财税〔2013〕106 号
20	国家税务总局关于铁路货运组织改革后两端物流服务有关营业税和增值税问题的公告	国家税务总局公告 2013 年第 55 号
21	国家税务总局关于发布《税收协定相互协商程序实施办法》的公告	国家税务总局公告 2013 年第 56 号
22	国家税务总局关于中国长城资产管理公司企业所得税征管问题的公告	国家税务总局公告 2013 年第 57 号
23	国家税务总局关于中国邮政集团公司企业所得税征管问题的公告	国家税务总局公告 2013 年第 58 号
24	国家税务总局关于电信企业手续费及佣金支出税前扣除问题的公告	国家税务总局公告 2013 年第 59 号
25	国家税务总局关于二手车经销企业发票使用有关问题的公告	国家税务总局公告 2013 年第 60 号
26	国家税务总局关于调整出口退（免）税申报办法的公告	国家税务总局公告 2013 年第 61 号
27	国家税务总局关于技术转让所得减免企业所得税有关问题的公告	国家税务总局公告 2013 年第 62 号
28	国家税务总局关于金融商品转让业务有关营业税问题的公告	国家税务总局公告 2013 年第 63 号
29	国家税务总局关于营业税改征增值税试点有关文化事业建设费登记与申报事项的公告	国家税务总局公告 2013 年第 64 号
30	国家税务总局关于出口货物劳务增值税和消费税有关问题的公告	国家税务总局公告 2013 年第 65 号

（续表）

序号	名　　称	文　号
31	国家税务总局关于纳税人资产重组有关增值税问题的公告	国家税务总局公告 2013 年第 66 号
32	国家税务总局关于企业维简费支出企业所得税税前扣除问题的公告	国家税务总局公告 2013 年第 67 号
33	国家税务总局关于发布《航空运输企业增值税征收管理暂行办法》的公告	国家税务总局公告 2013 年第 68 号
34	国家税务总局关于发行 2013 年印花税票的公告	国家税务总局公告 2013 年第 69 号
35	国家税务总局关于纳税人无偿赠送煤矸石征收增值税问题的公告	国家税务总局公告 2013 年第 70 号
36	国家税务总局关于动物骨粒适用增值税税率的公告	国家税务总局公告 2013 年第 71 号
37	国家税务总局关于非居民企业股权转让适用特殊性税务处理有关问题的公告	国家税务总局公告 2013 年第 72 号
38	国家税务总局关于促进残疾人就业增值税优惠政策有关问题的公告	国家税务总局公告 2013 年第 73 号
39	国家税务总局关于转让小火电机组容量指标营业税问题的公告	国家税务总局公告 2013 年第 74 号
40	国家税务总局关于营业税改征增值税试点增值税一般纳税人资格认定有关事项的公告	国家税务总局公告 2013 年第 75 号
41	国家税务总局关于铁路运输和邮政业营业税改征增值税发票及税控系统使用问题的公告	国家税务总局公告 2013 年第 76 号
42	国家税务总局　国家发展改革委关于落实节能服务企业合同能源管理项目企业所得税优惠政策有关征收管理问题的公告	国家税务总局　国家发展改革委公告 2013 年第 77 号
43	国家税务总局关于促进残疾人就业税收优惠政策有关问题的公告	国家税务总局公告 2013 年第 78 号
44	国家税务总局关于成品油生产企业开具的增值税发票纳入防伪税控系统汉字防伪项目管理的公告	国家税务总局公告 2013 年第 79 号
45	国家税务总局关于严肃纪律促进廉洁从税的通知	税总发〔2013〕103 号
46	国家税务总局关于发布《税务系统数字证书格式标准》和《税务系统数字证书应用接口规范》的通知	税总发〔2013〕119 号

（续表）

序号	名　称	文　号
47	国家税务总局关于做好铁路运输和邮政服务业营业税改征增值税试点工作的通知	税总发〔2013〕125 号
48	国家税务总局关于实施绩效管理的意见	税总发〔2013〕130 号
49	国家税务总局关于深入贯彻落实《党政机关厉行节约反对浪费条例》的通知	税总发〔2013〕131 号

2013年全国主要经济指标

Nationwide Main Economic Indicators in 2013

指　　标	单位	12　　月		累　　计	
		绝对额	比上年同期（±%）	绝对额	比上年同期（±%）
1. 国内生产总值	亿元			568845.2	7.7
2. 规模以上工业增加值	亿元		9.7		9.7
其中：国有及国有控股企业	亿元		8.3		6.9
其中：集体企业	亿元		3.4		4.3
股份制企业	亿元		10.8		11.0
外商及港澳台投资企业	亿元		8.9		8.3
3. 工业产品销售率	%	99.1	–0.4	97.8	–0.2
4. 规模以上工业企业利润总额	亿元	9425.3	6.0	62831.0	12.2
5. 固定资产投资额（不含农户）	亿元	45245.2	17.2	436527.7	19.6
其中：房地产	亿元	8601.2	22.3	86013.4	19.8
6. 商品房销售额	亿元	11482.3	5.1	81428.3	26.3
7. 财政收入	亿元	9492.6	14.3	129143.0	10.1
8. 财政支出	亿元	25046.8	20.3	139744.0	10.9
9. 金融机构各项存款月末余额	亿元			1043847.5	13.8
其中：城乡居民储蓄存款	亿元			447601.6	12.0
10. 金融机构各项贷款月末余额	亿元			718962.1	14.1
11. 出口商品总值	亿美元	2077.4	4.3	22100.2	7.9
其中：一般贸易	亿美元	1036.3	8.1	10875.3	10.1
12. 进口商品总值	亿美元	1821.0	8.3	19502.9	7.3
其中：一般贸易	亿美元	1037.9	12.5	11097.2	8.5
13. 发电量	亿度	4780.0	8.3	52451.0	7.6
14. 全社会货运量	亿吨			444.0	10.0
15. 社会消费品零售总额	亿元	23059.7	13.6	234380.0	13.1
16. 股票成交金额	亿元	39672.0	25.1	468728.6	49
17. 全国居民消费价格指数	%	102.5	2.5	102.6	2.6
18. 工业生产者出厂价格指数	%	98.6	–1.4	98.1	–1.9
19. 商品零售价格指数	%	101.2	1.2	101.4	1.4
20. 工业生产者购进价格指数	%	98.6	–1.4	98.0	–2.0

数据来源：国家统计局（http://www.stats.gov.cn）。

2013年工业增加值增长速度

Growth Rate of Added Value on Industry in 2013

指标名称	比上年同期增长（%）	
	12 月	累　计
工业增加值	9.7	9.7
其中：采矿业	5.4	6.4
制造业	10.7	10.5
电力、燃气和水的生产和供应业	6.0	6.8
其中：国有及国有控股企业	8.3	6.9
集体企业	3.4	4.3
股份制企业	10.8	11.0
外商及港澳台商投资企业	8.9	8.3

数据来源：国家统计局（http://www.stats.gov.cn）。

2013年工业主要产品产量及增长速度

Output and Growth Rate of Major Industrial Products in 2013

指标名称	单　位	12 月	累　计	同比增长（%）	
				12 月	累　计
天然原油	万吨	1789.9	20812.9	0.9	1.7
铁矿石原矿	万吨	13185.0	145101.1	9.5	9.9
磷矿石	万吨	1091.0	10851.0	25.2	13.5
原盐	万吨	438.7	6460.3	6.3	2.5
成品糖	万吨	360.5	1567.8	14.4	14.3
软饮料	万吨	1190.6	14926.9	−1.6	11.4
纱	万吨	347.0	3611.3	5.0	7.2
布	亿米	64.3	683.4	−2.4	4.6

（续表）

指标名称	单 位	12 月	累 计	同比增长（%）	
				12 月	累 计
蚕丝及交织机织物	万米	8613.0	93579.1	–3.6	–1.7
机制纸及纸板	万吨	988.5	11514.3	–0.8	0.9
新闻纸	万吨	29.3	368.6	–13.1	–5.7
汽油	万吨	875.4	9833.3	3.4	9.5
煤油	万吨	226.0	2509.6	20.4	16.4
柴油	万吨	1483.4	17272.8	–1.5	0.3
焦炭	万吨	3981.4	47635.5	9.2	8.1
硫酸	万吨	696.1	8077.6	2.1	5.8
烧碱（折100%）	万吨	254.6	2854.2	10.8	6.6
纯碱（碳酸钠）	万吨	233.3	2429.3	17.4	0.6
农用氮、磷、钾化肥（折纯）	万吨	622.2	7153.6	2.9	4.9
化学农药原药	万吨	33.9	319.0	13.0	1.6
乙烯	万吨	153.3	1622.6	15.1	8.5
初级形态的塑料	万吨	534.6	5836.7	13.5	11.0
合成洗涤剂	万吨	96.9	1029.6	14.9	14.7
化学纤维	万吨	368.6	4133.8	8.2	8.1
塑料制品	万吨	593.6	6188.7	5.1	8.0
水泥	万吨	20529.4	241439.6	10.8	9.6
平板玻璃	万重量箱	6150.6	77898.4	8.9	11.2
生铁	万吨	5472.2	70897.0	5.9	6.2
粗钢	万吨	6235.3	77904.1	6.5	7.5
钢材	万吨	9041.2	106762.2	10.3	11.4
十种有色金属	万吨	346.6	4028.8	2.3	9.9

（续表）

指标名称	单 位	12 月	累 计	同比增长（%）	
				12 月	累 计
氧化铝	万吨	367.9	4437.5	14.0	14.6
铜材	万吨	146.0	1498.6	28.2	25.2
铝材	万吨	368.0	3962.5	16.1	24.0
工业锅炉	蒸发量吨	37051.1	512736.0	-12.9	2.0
发动机	万千瓦	17624.8	177054.8	30.7	17.2
金属切削机床	万台	6.4	72.3	6.7	-2.0
电动手提式工具	万台	1967.5	23981.9	9.3	-1.8
金属冶炼设备	吨	96934.4	862331.8	-7.3	5.8
水泥专用设备	吨	73237.5	928799.4	-19.0	2.6
饲料生产专用设备	台	47938.5	524956.6	-8.1	-6.1
包装专用设备	台	11562.5	109886.5	36.1	14.2
大型拖拉机	台	3410.0	63255.0	7.5	-1.7
中型拖拉机	台	51781.0	521309.0	34.6	13.9
小型拖拉机	万台	18.2	193.6	7.1	4.9
大气污染防治设备	台	8870.0	85722.0	-13.4	-3.1
铁路机车	辆	258.0	1436.0	61.3	-11.5
汽车	万辆	229.8	2387.2	22.8	18.4
民用钢质船舶	万载重吨	790.4	6146.8	-26.6	-24.7
发电设备	万千瓦	1251.9	12735.4	-29.3	-4.8
交流电动机	万千瓦	2775.4	27914.6	12.1	6.9
家用洗衣机	万台	680.6	7201.9	9.5	8.2
家用电冰箱	万台	735.5	9340.6	-1.4	10.6
家用冷柜	万台	185.7	2084.7	11.1	9.4

（续表）

指标名称	单 位	12 月	累 计	同比增长（%）	
				12 月	累 计
房间空气调节器	万台	1302.4	14332.9	13.1	11.6
程控交换机	万线	353.7	3180.8	25.2	7.1
传真机	万部	20.2	161.0	50.7	-35.5
移动通信基站设备	万信道	2390.5	14248.6	63.4	21.2
移动通信手持机	万台	15174.5	153181.2	15.2	25.8
电子计算机整机	万台	4045.8	37680.3	14.4	7.9
微型计算机设备	万台	3863.8	35246.3	14.9	7.8
集成电路	亿块	74.7	867.6	9.5	10.4
彩色电视机	万台	1490.7	14027.0	0.6	-0.2
电工仪器仪表	万台	1340.1	12426.1	-1.0	-1.3
复印和胶版印制设备	万台	60.1	635.4	51.4	4.4
发电量	亿千瓦小时	4779.6	52451.1	8.3	7.6
火力发电量	亿千瓦小时	4008.5	42152.5	7.0	6.9
水力发电量	亿千瓦小时	543.5	7890.5	13.7	7.2

数据来源：国家统计局（http://www.stats.gov.cn）。

2013年工业分大类行业增加值增长速度

Growth Rate of Added Value on Industry of Major Category's in 2013

大类行业	比上年同期增长（%）	
	12月	累计
煤炭开采和洗选业	4.6	5.7
石油和天然气开采业	4.8	2.3
黑色金属矿采选业	6.9	15.0
有色金属矿采选业	9.8	9.5
非金属矿采选业	15.2	12.0
开采辅助活动	-7.7	5.1
其他采矿业	4.0	12.6
农副食品加工业	8.3	9.4
食品制造业	6.1	10.0
酒、饮料和精制茶制造业	10.8	10.2
烟草制品业	11.3	7.2
纺织业	6.3	8.7
纺织服装、服饰业	5.0	7.2
皮革、毛皮、羽毛及其制品和制鞋业	9.6	8.1
木材加工和木、竹、藤、棕、草制品业	10.8	11.7
家具制造业	12.2	10.2
造纸和纸制品业	9.1	8.4
印刷和记录媒介复制业	12.6	11.9
文教、工美、体育和娱乐用品制造业	15.8	13.5
石油加工、炼焦和核燃料加工业	5.0	6.1
化学原料和化学制品制造业	12.6	12.1

（续表）

大 类 行 业	比上年同期增长（%）	
	12 月	累 计
医药制造业	13.4	13.5
化学纤维制造业	10.4	10.3
橡胶和塑料制品业	9.1	10.7
非金属矿物制品业	9.1	11.5
黑色金属冶炼和压延加工业	7.7	9.9
有色金属冶炼和压延加工业	16.9	14.6
金属制品业	12.9	12.4
通用设备制造业	8.2	9.2
专用设备制造业	8.9	8.5
汽车制造业	20.8	14.9
铁路、船舶、航空航天和其他运输设备制造业	9.0	4.8
电气机械和器材制造业	11.0	10.9
计算机、通信和其他电子设备制造业	11.8	11.3
仪器仪表制造业	9.9	11.6
其他制造业	3.4	2.3
废弃资源综合利用业	14.3	15.4
金属制品、机械和设备修理业	11.1	15.5
电力、热力生产和供应业	5.2	6.2
燃气生产和供应业	18.5	17.4
水的生产和供应业	5.2	6.7

数据来源：国家统计局（http://www.stats.gov.cn）。

2013年全社会客货运输量

Volume of Transportation of Passengers and Cargoes in 2013

指　　标	单　位	11 月	比上年同月增长（%）	1-11月	比上年同期增长（%）
货运量合计	亿吨	399724.0	10.9	4040733.0	10.0
铁　　路	亿吨	33940.0	3.3	361564.0	1.4
公　　路	亿吨	321002.0	12.1	3227161.0	11.3
水　　运	亿吨	44729.0	8.5	451502.0	8.5
民　　航	万吨	53.0	2.2	507.0	2.4
货物周转量合计	亿吨公里	16957.0	14.8	166625.3	7.6
铁　　路	亿吨公里	2515.0	1.4	26581.7	-0.2
公　　路	亿吨公里	6394.1	14.6	60709.8	12.6
水　　运	亿吨公里	8031.9	19.9	79180.0	6.7
民　　航	亿吨公里	15.9	2.4	153.8	3.0
客运量合计	亿人	334700.0	5.1	3667139.0	5.7
铁　　路	亿人	15557.0	9.7	193222.0	10.7
公　　路	亿人	314156.0	4.9	3417218.0	5.4
水　　运	亿人	2135.0	1.0	24089.0	1.6
民　　航	亿人	2851.0	10.3	32610.0	11.0
旅客周转量合计	亿人公里	2798.8	6.5	32936.4	7.6
铁　　路	亿人公里	702.8	4.5	9699.0	6.6
公　　路	亿人公里	1634.8	6.2	17968.8	6.7
水　　运	亿人公里	6.3	-6.0	70.1	-1.7
民　　航	亿人公里	454.8	11.0	5198.5	12.7
沿海规模以上港口货物吞吐量	亿吨	60599.0	6.8	668201.0	9.8
其中：外贸货物吞吐量	亿吨	25553.0	9.5	277803.0	10.0

数据来源：国家统计局（http://www.stats.gov.cn）。

2013年固定资产投资（不含农户）情况

Fixed Assets in Investment (Farmer Households Excluded) in 2013

报表所属期：2013年12月

项　　目	实 际 完 成	
	自年初累计（亿元）	比上年同期增长（%）
固定资产投资完成额	436527.70	19.60
其中：国有及国有控股	144055.51	16.30
其中：房地产开发	86013.38	19.80
1. 按产业分		
第一产业	9240.95	32.50
第二产业	184804.36	17.40
第三产业	242482.39	21.00
2. 按隶属关系分		
中央项目	24785.34	12.40
地方项目	411742.36	20.10
3. 按建设性质分		
其中：新　建	217544.72	21.40
扩　建	54228.81	13.00
改　建	61544.21	17.40
4. 按构成分		
建筑安装工程	291023.88	23.00
设备工器具购置	89423.63	17.80
其他费用	56080.19	7.20

注：1. “固定资产投资（不含农户）”含城镇和非农户项目固定资产投资、房地产开发投资。

2. 按建设性质分组的投资不含房地产开发投资。

3. 数据来源：国家统计局（http://www.stats.gov.cn）。

2013年各行业固定资产投资（不含农户）情况

Fixed Assets in Investment (Farmer Households Excluded) by Industry in 2013

报表所属期：2013年12月

主要行业	投资额	
	自年初累计（亿元）	比上年同期增长（%）
全国总计	436527.70	19.60
（一）农、林、牧、渔业	11611.38	32.40
农业	4097.58	28.10
林业	1353.10	33.90
畜牧业	3115.30	38.70
渔业	674.97	30.30
农、林、牧、渔服务业	2370.44	31.70
（二）采矿业	14750.23	10.90
其中：煤炭开采和洗选业	5262.76	–2.00
石油和天然气开采业	3805.17	23.70
黑色金属矿采选业	1666.07	10.40
有色金属矿采选业	1658.65	19.70
非金属矿采选业	1833.45	14.40
（三）制造业	147369.74	18.50
农副食品加工业	8673.58	26.50
食品制造业	3695.49	20.70
酒、饮料和精制茶制造业	3367.09	30.40
烟草制品业	303.97	27.30
纺织业	4698.99	18.30
纺织服装、服饰业	3127.13	23.60
皮革、毛皮、羽毛及其制品和制鞋业	1710.83	30.30
木材加工及木、竹、藤、棕、草制品业	2942.98	22.30
家具制造业	1948.79	27.20
造纸及纸制品业	2632.87	18.80
印刷和记录媒介复制业	1289.37	22.00
文教、工美、体育和娱乐用品制造业	1416.00	24.10

（续表）

主 要 行 业	投 资 额	
	自年初累计（亿元）	比上年同期增长（%）
石油加工、炼焦和核燃料加工业	2984.92	19.40
化学原料和化学制品制造业	13193.41	17.10
医药制造业	4526.83	26.50
化学纤维制造业	1030.44	21.80
橡胶和塑料制品业	5238.15	20.60
非金属矿物制品业	13847.79	14.80
黑色金属冶炼和压延加工业	5060.49	-2.10
有色金属冶炼和压延加工业	5464.94	20.60
金属制品业	7114.34	20.90
通用设备制造业	10467.44	23.50
专用设备制造业	10030.65	18.50
汽车制造业	9272.06	15.00
铁路、船舶、航空航天和其他运输设备制造业	2701.19	16.40
电气机械和器材制造业	9165.08	10.70
计算机、通信和其他电子设备制造业	7160.97	20.20
仪器仪表制造业	1404.61	7.30
废弃资源综合利用业	964.06	33.80
金属制品、机械和设备修理业	331.64	9.30
（四）电力、热力、燃气及水的生产和供应业	19743.93	18.40
电力、热力生产和供应业	14823.25	14.50
燃气生产和供应业	2205.27	37.40
水的生产和供应业	2715.40	28.10
（五）建筑业	3736.96	1.40
（六）批发和零售业	12695.33	30.00
（七）交通运输、仓储和邮政业	36194.14	17.20
其中：铁路运输业	6514.74	6.30
道路运输业	20692.32	18.50

（续表）

主　要　行　业	投　资　额	
	自年初累计（亿元）	比上年同期增长（%）
水上运输业	2079.53	3.50
航空运输业	1284.74	14.30
管道运输业	361.92	76.90
仓储业	4200.70	32.70
（八）住宿和餐饮业	6001.24	17.50
（九）信息传输、软件和信息技术服务业	3215.78	19.50
其中：电信、广播电视和卫星传输服务	1728.79	8.20
（十）金融业	1250.14	35.30
（十一）房地产业	111423.85	20.30
（十二）租赁和商务服务业	5921.93	26.10
（十三）科学研究和技术服务业	3149.02	27.20
（十四）水利、环境和公共设施管理业	37597.75	26.90
水利管理业	5318.17	21.30
生态保护和环境治理业	1416.03	31.10
公共设施管理业	30863.54	27.80
（十五）居民服务、修理和其他服务业	2036.86	20.80
（十六）教育	5486.18	19.10
（十七）卫生和社会工作	3184.09	21.70
其中：卫生	2623.31	19.50
（十八）文化、体育和娱乐业	5250.64	23.00
其中：文化艺术业	2381.52	20.80
（十九）公共管理、社会保障和社会组织	5908.50	–2.30

数据来源：国家统计局（http://www.stats.gov.cn）。

2013年社会消费品零售总额

Total Retail Sales of Consumer Goods in 2013

单位：亿元

	12 月	比上年同月增长（%）	累 计	比上年同期增长（%）
社会消费品零售总额	23060.0	13.6	234380.0	13.1
（一）按经营地分				
城 镇	19825.0	13.4	202462.0	12.9
乡 村	3235.0	14.8	31918.0	14.6
（二）按消费形态分				
商品零售	20581.0	14.3	208988.0	13.6
餐饮收入	2479.0	8.6	25392.0	9.0

数据来源：国家统计局（http://www.stats.gov.cn）。

2013年居民消费价格分类指数

Consumer Price Index (CPI) by Category in 2013

项目名称	上年同月=100			上年同期=100		
	全国	城市	农村	全国	城市	农村
居民消费价格指数	102.5	102.5	102.5	102.6	102.6	102.8
一、食 品	104.1	104.1	104.0	104.7	104.6	104.9
粮 食	103.8	103.7	104.0	104.6	104.5	104.8
肉禽及其制品	103.6	103.5	103.7	104.3	104.4	104.0
蛋	95.9	96.0	95.9	104.9	104.9	105.0
水产品	105.5	105.7	104.9	104.2	104.1	104.6
鲜 菜	102.6	102.0	104.3	108.1	107.5	110.1
鲜 果	115.6	115.4	116.0	107.1	106.7	108.5
二、烟酒及用品	99.6	99.5	99.7	100.3	100.1	100.8
三、衣 着	102.1	102.0	102.3	102.3	102.2	102.5
四、家庭设备用品及服务	101.4	101.3	101.4	101.5	101.5	101.3
五、医疗保健及个人用品	100.9	100.7	101.6	101.3	101.2	101.8
六、交通和通信	99.9	99.8	100.2	99.6	99.5	100.1
七、娱乐教育文化用品及服务	102.9	103.0	102.5	101.8	101.7	101.8
八、居 住	102.8	102.9	102.5	102.8	103.0	102.3

数据来源：国家统计局（http://www.stats.gov.cn）。

2013年商品零售价格分类指数

Commodity Retail Price Index by Category in 2013

报表所属期：2013年12月

项目	上年同月=100			上年同期=100		
	全国	城市	农村	全国	城市	农村
商品零售价格指数	101.2	101.2	101.5	101.4	101.3	101.8
一、食　品	103.9	104.0	103.8	104.7	104.6	105.0
二、饮料、烟酒	100.0	99.9	100.0	100.7	100.5	101.1
三、服装、鞋帽	102.0	101.8	102.5	102.2	102.1	102.5
四、纺织品	100.9	100.7	101.4	101.0	100.9	101.2
五、家用电器及音像器材	98.5	98.2	99.2	98.3	98.0	98.9
六、文化办公用品	98.9	98.6	100.0	98.6	98.3	99.7
七、日用品	100.6	100.5	100.9	100.8	100.7	101.2
八、体育娱乐用品	100.5	100.6	100.5	100.7	100.7	100.8
九、交通、通信用品	98.1	97.9	98.6	97.3	97.1	98.1
十、家具	101.6	101.8	101.1	101.2	101.4	100.8
十一、化妆品	100.8	100.8	101.0	101.5	101.5	101.6
十二、金银珠宝	82.8	82.7	82.9	91.9	91.9	91.8
十三、中西药品及医疗保健用品	102.1	102.2	101.8	101.3	101.5	101.0
十四、书报杂志及电子出版物	101.0	101.1	100.8	101.3	101.2	101.6
十五、燃料	101.0	101.2	100.5	99.9	100.0	99.7
十六、建筑材料及五金电料	101.2	101.1	101.3	100.5	100.5	100.5

数据来源：国家统计局（http://www.stats.gov.cn）。

2013年社会融资规模统计表

Aggregate Financing of the Economy in 2013

单位：亿元人民币

日　期	社会融资规模	人民币贷款	外币贷款（折合人民币）	委托贷款	信托贷款	未贴现银行承兑汇票	企业债券	非金融企业境内股票融资
2013.01	25446.0	10721.0	1795.0	2061.0	2108.0	5798.0	2249.0	244.0
2013.02	10705.0	6200.0	1149.0	1426.0	1825.0	–1823.0	1454.0	165.0
2013.03	25503.0	10625.0	1509.0	1748.0	4312.0	2731.0	3870.0	208.0
2013.04	17629.0	7923.0	847.0	1926.0	1942.0	2218.0	2039.0	274.0
2013.05	11871.0	6694.0	357.0	1967.0	971.0	–1141.0	2230.0	231.0
2013.06	10375.0	8628.0	133.0	1990.0	1208.0	–2615.0	323.0	126.0
2013.07	8191.0	6997.0	–1157.0	1927.0	1151.0	–1777.0	476.0	128.0
2013.08	15840.0	7128.0	–360.0	2938.0	1209.0	3049.0	1238.0	136.0
2013.09	14113.0	7870.0	891.0	2217.0	1130.0	–79.0	1437.0	113.0
2013. 10	8640.0	5060.0	53.0	1834.0	431.0	–345.0	1072.0	78.0
2013.11	12269.0	6246.0	122.0	2704.0	1006.0	60.0	1383.0	147.0
2013.12	12322.0	4825.0	509.0	2727.0	1155.0	1674.0	251.0	369.0

注： 1. 社会融资规模是指一定时期内实体经济从金融体系获得的资金总额。

2. 当期数据为初步统计数，其他月份为正式数。

3. 数据来源：人民银行、发改委、证监会、保监会、中央国债登记结算有限责任公司和银行间市场交易商协会等。

2013年进出口贸易方式总值

Total Import and Export Value Achieved by Various Trade Modes in 2013

单位：亿美元

出　口	12 月		1-12月累计	
	金额	同比（%）	金额	同比（%）
总　值	2077.4	4.3	22100.2	7.9
其中：一般贸易	1036.3	8.1	10875.3	10.1
加工贸易	798.6	0.4	8608.2	-0.2
海关特殊监管区域物流货物	102.5	-24.9	1419.9	49.7
保税监管场所进出境货物	50.8	17.5	465.1	9.5

进　口	12 月		1-12月累计	
	金额	同比（%）	金额	同比（%）
总　值	1821.0	8.3	19502.9	7.3
其中：一般贸易	1037.9	12.5	11097.2	8.5
加工贸易	472.9	8.6	4969.9	3.3
海关特殊监管区域物流货物	172.5	-14.9	2184.5	18.0
保税监管场所进出境货物	95.4	9.5	848.4	1.2
边境小额贸易	12.9	3.3	140.7	-8.0
外商投资企业作为投资进口的设备、物品	8.9	-4.9	98.3	-26.7
租赁贸易	14.6	146.4	86.6	27.6

数据来源：海关总署（http://www.customs.gov.cn）。

2013年全国电力工业统计数据一览表

Statistics of National Electric Power Industry Data in 2013

指标名称	计算单位	11 月		1-11月累计	
		绝对量	增长（%）	绝对量	增长（%）
全国全社会用电量	亿千瓦时	4485	8.5	48310	7.5
其中：第一产业用电量	亿千瓦时	78	7.0	935	0.1
第二产业用电量	亿千瓦时	3437	8.6	35391	6.9
工业用电量	亿千瓦时	3377	8.6	34786	6.8
轻工业用电量	亿千瓦时	545	6.5	5808	6.2
重工业用电量	亿千瓦时	2832	9.0	28978	6.9
第三产业用电量	亿千瓦时	483	8.8	5731	10.8
城乡居民生活用电量	亿千瓦时	487	7.2	6254	9.4
6000千瓦及以上电厂发电设备容量	万千瓦			118003	10.0
其中：水　电	万千瓦			23771	14.6
火　电	万千瓦			84783	6.8
核　电	万千瓦			1461	16.7
全国供电煤耗率	克/千瓦时			321	-4.0
全国线路损失率	%			6.34	0.2
全国供热量	万百万千焦			274511	4.5
全国供热耗用原煤	万吨			16051	1.6
全国供电量	亿千瓦时			43538	7.2
全国售电量	亿千瓦时			40777	7.0

（续表）

指标名称	计算单位	11 月		1-11月累计	
		绝对量	增长（%）	绝对量	增长（%）
全国发电设备累计平均利用小时	小时			4132	-46.0
其中：水 电	小时			3095	-258.0
火 电	小时			4540	28.0
全国发电累计厂用电率	%			5.2	0.002
其中：水 电	%			0.4	-0.04
火 电	%			6	-0.2
电源基本建设投资完成额	亿元			3076	
其中：水 电	亿元			1098	
火 电	亿元			791	
核 电	亿元			525	
电网基本建设投资完成额	亿元			3373	
发电新增设备容量	万千瓦			6931	
其中：水 电	万千瓦			2471	
火 电	万千瓦			2956	
新增220千伏及以上变电设备容量	万千伏安			17790	
新增220千伏及以上线路长度	千米			34225	

注：1. 全社会用电量指标是全口径数据。
2. 数据来源：国家能源局（http://www.nea.gov.cn）。